JN075046

保育で使える
からだの土台を作る
運動遊び
100

佐々木祥子 著

柏原成年 協力

中央法規

はじめに

●■▲

　子どもは日々、身体を動かしながら成長しています。あえて教えなくても、環境さえ整えば、今ある身体の状態で「できる」ことを楽しみます。乳幼児期は、うまくなろう、練習しようという発想はなく、動くこと自体が楽しくて身体を動かしています。

　身体機能が育つ過程では、生まれてすぐ歩いたりジャンプしたりしません。「できる」ようになることには順番があり、身体の基礎となる土台づくりの時期を経て「できる」ことが増えてきます。今、その子どもが楽しんでいる動きこそ、今、獲得できている身体の動きです。その動きや遊びを大人が保障することがとても大切だと感じます。

　しかし、身体の動きや使い方を観察した時、筋肉の状態により、もつ力を十分に発揮できていない子どもに出会います。力を出したくても出せない子どもに出会います。それは身体の土台の部分が経験不足で十分に育っていなかったり、筋肉をうまく使うことができなかったりするためです。

　保育者は、子どもの身体の基礎となる土台を知り、身体の使い方を知ることが大切です。そのうえで、身体機能を向上させる遊びやかかわりを計画することが必要です。本書では、保育園や幼稚園等で行われている身体を動かす遊びにひと工夫加えた、身体機能を向上させる遊びを紹介します。それは一人ひとりの子どもの身体に寄り添い、身体と心の成長を応援できるものと感じています。

　遊びやかかわりのなかで、子どもたちが今「できること」を最大限に引き出せた時、子どもたちの表情は輝き、遊びや生活が豊かなものになるでしょう。

佐々木祥子

はじめに

第1章 ●
乳児の身体と動きを知ろう

01 ● 機能を育てる身体の土台 ········ 2
　　　乳児の身体の動かし方

02 ● 身体の動きを見るポイント ········ 4
　　　母指球の働き

03 ● 発達のプロセスを踏むための身体の状態 ········ 6
　　　3つの筋肉のタイプ／ふっくらと張りのある筋肉／緊張した筋肉／一定の
　　　張りがない筋肉／実体験からわかった筋肉と母指球の関係

04 ● 筋肉と空間が心地よい身体を作る ········ 10
　　　心地よい呼吸／心地よい哺乳力／心地よく泣く／ご機嫌／心地よい眠り／
　　　心地よく動く／心地よい循環と排泄

05 ● 原始反射と感覚統合 ········ 20
　　　さまざまな「反射」と「感覚」／代表的な原始反射

06 ● 乳児の発達のプロセスと原始反射 ········ 26
　　　原始反射と密接な関係にある発達のプロセス

第2章 ■
幼児の身体と動きを知ろう

01 ■ 姿勢がよい身体 ……… 42
よい姿勢とは？

02 ■ しっかりと動ける身体 ……… 44
本来の可動域で身体を動かす／身体の安定

03 ■ 病気に負けない身体 ……… 48
呼吸の質と身体の関係／機能と身体の関係

04 ■ 1歳児にできることと身体観察のポイント ……… 52
靴選びの大切さ／しゃがむ動作／排尿としゃがむ動作／1歳でできるようになること

05 ■ 2歳児にできることと身体観察のポイント ……… 56
見る力や聞く力を高めながら身体を動かす／食具の持ち方／2歳でできるようになること

06 ■ 3歳児にできることと身体観察のポイント ……… 60
全身を使った遊びを楽しむ／指先、手のひらを使って遊んでいますか？／身体を筒状にして座っていますか？／言葉に関する心配事／3歳でできるようになること

07 ■ 4歳児にできることと身体観察のポイント ……… 64
運動機能と表現力の融合／身体を動かす時間を多く設ける／表現力を伸ばす／4歳でできるようになること

08 ■ 5歳児にできることと身体観察のポイント ……… 68
身体の土台づくりがあるからこその動き／日本特有の生活様式に学ぶ／5歳でできるようになること

第3章

身体の土台を作る運動遊び100

▲ ふっくらと張りのある筋肉の作り方 ……… 74
　　筋肉は、やさしく触れると柔らかくなる／動ける身体にする

01 ▲ パピプペポッポの山登り ……… 76

02 ▲ ふんわりサワサワ ……… 78

03 ▲ そ〜っとそ〜っと ……… 79

04 ▲ ニギニギいないいないば〜！ ……… 80

05 ▲ ニギニギ体操 ……… 81

06 ▲ 見〜つけた！ ……… 83

07 ▲ ニギニギリンリン ……… 84

08 ▲ ニギニギば〜！ ……… 85

09 ▲ 足ツンツン ……… 86

10 ▲ いないいないば〜！ ……… 87

11 ▲ コロンコロン ……… 88

12 ▲ お散歩パペット ……… 89

13 ▲ ブランコ揺れて ……… 90

14 ▲ 抱っこでゆらゆら ……… 91

15 ▲ タッチできた！ ……… 92

16 ▲ うつ伏せにらめっこ！ ……… 93

17 ▲ 右に左にコロンコロン ……… 94

18 ▲ 園内探検 ……… 95

19 ▲ 前進ニギニギ ……… 96

20 ▲ お船はギッチラコ ……… 97

21 ▲ ニギニギドライブ ……… 98

22 ▲ じゅうたんに乗って GO！ ……… 99

23 ▲ つかまえた！ ……… 100

24 ▲ トンネルくぐろう！ ……… 101

25 ▲ 山登り ……… 102

26 ▲ ボールまてまて ……… 103

27 ▲ リングをギュッ！ ……… 104

28 ▲ 飛行機ぶんぶん ……… 105

29 ▲ あによべ体操 ……… 106

30 ▲ 足指クルクル体操 ……… 109

31 ▲ ゆらゆらトンネル ……… 110

32 ▲ まねっこリズム遊び 1 ……… 111

33 ▲ くるりんパッ！ ……… 113

34 ▲ お山に登ろう！ ……… 114

35 ▲ ニギニギジャンプ！ ……… 115

36 ▲ エレベーターに乗って ……… 116

37 ▲ お出かけリング！ ……… 117

38 ▲ 拾って入れて ……… 118

39 ▲ 牛乳パックの遊園地 ……… 119

40 ▲ まねっこリズム遊び 2 ……… 120

41 ▲ 手つなぎくるりん ……… 122

42 ▲ ニギニギひげじいさん ……… 123

43 ▲ 手のひらパチパチは〜い！ ……… 124

44 ▲ くまさんの散歩 ……… 125

45 ▲ ラッコでゆらゆら ……… 126

46 ▲ 引っ張って引っ張って ……… 127

47 ▲ ぐるっと一周行ってきます！ ……… 128

48 ▲ 島から島へおさるさん ……… 129

49 ▲ ちぎってお団子コロコロ ……… 130

50 ▲ ぼんてんままごと ……… 131

51 ▲ ピッピッピ体操 ……… 132

52 ▲ ご飯を拾って食べさせて！ ……… 133

53 ▲ ワニの探検 ……… 135

54 ▲ 手押し車 ……… 136

55 ▲ 2歳児総合サーキット ……… 137

56 ▲ タオルでカエル ……… 139

57 ▲ キラパタ体操 ……… 140

58 ▲ さわさわキック体操 ……… 142

59 ▲ グーっと押さえてギューっと引っ張って ……… 143

60 ▲ おむすびニギニギボール ……… 145

61 ▲ くまとカエルのぞうきんがけ ……… 147

62 ▲ コロコロコロンくるりんパッ！ ……… 148

63 ▲ トンネルランド ……… 149

64 ▲ 下から上へぶらんぶらん ……… 150

65 ▲ ドーナツ屋さん ……… 151

66 ▲ 何が入っているのかな？ ……… 152

67 ▲ 一本橋続くよどこまでも ……… 153

68 ▲ ジャンプ・ジャンプ・ジャンプ ……… 154

69 ▲ ゴロリンくまさん ……… 156

70 ▲ 3歳児総合サーキット ……… 158

71 ▲ おむすびニギニギ、キャッチボール！ ……… 160

72 ▲ 大きなかぶ ……… 162

73 ▲ おすもうさん、はっけよい！ ……… 163

74 ▲ 大波小波 ……… 165

75 ▲ ジグザグ波乗り ……… 166

76 ▲ キャタピラに乗って ……… 167

77 ▲ おさるがぶら下がる〜！ ……… 168

78 ▲ 動物パン屋さん ……… 169

79 ▲ キッチン用具で遊ぼう！ ……… 170

80 ▲ 風船バドミントン ……… 171

81 ▲ 色ボール集め ……… 172

82 ▲ クモの巣くぐり ……… 173

83 ▲ 風船サッカー ……… 174

84 ▲ ケンケンパー ……… 175

85 ▲ 4歳児総合サーキット ……… 176

86 ▲ 輪になってゆらゆら ……… 178

87 ▲ 動物ジャンケンゲーム ……… 180

88 ▲ ビュンビュン走れる体操 ……… 181

89 ▲ お化けになって ……… 182

90 ▲ 床でボルダリング ……… 184

91 ▲ 耳たぶグーパー体操 ……… 185

92 ▲ 登ロープ ……… 186

93 ▲ カエルのお返事はーいはい！ ……… 187

94 ▲ 回って鉄棒 ……… 189

95 ▲ ねじって輪投げ ……… 190

96 ▲ ニギニギサッカーリレー ……… 192

97 ▲ ぞうきん絞ってヨーイドン！……… 194

98 ▲ ひっくり返してポン！……… 195

99 ▲ 縄を跳び越えて ……… 196

100 ▲ 5歳児総合サーキット ……… 198

おわりに

著者・協力者紹介

凡例

　本書では、0歳児を「乳児」、1〜5歳児を「幼児」と表現しています。
また、以下のとおり用語を原則統一して掲載しています。

・遊び、あそび→遊び

・身体、体、からだ→身体

第 1 章

乳児の身体と 動きを知ろう

01 機能を育てる身体の土台

≡ 乳児の身体の動かし方

　皆さんは、乳児はどんなふうに身体を
動かしているか、ご存知ですか。ミルク
を飲む時、手足を動かす時、乳児は部分
的に身体を動かしているのではなく、す
べて顎から動かしています（本書では、
顎＝エラ（イラストの丸で囲んでいる部
分）として説明します）。

　ミルクを飲む時、乳児は口から吸って
飲みますが、顎も一緒に動いています。
顎が動くことで、その動きは手足へと連
動されていきます。大きなアクションで
はありませんが、全身を使ってミルクを
飲んでいることになります。単に口から
ミルクを吸って飲むのではなく、全身運
動をしながら飲んでいます。

　乳児の手のひらに指を当てると、ぎゅっ
と反射的に指を握る姿がみられます。こ
れも手だけを動かしているのではなく、
顎から口、足へと連動させています。

　このように、乳児の身体の動きは顎を

中心に、口や手足が連動して動いているのです。

　顎から口や手足を動かすことは、乳児
の時に経験する発達のプロセスに大きく
関係しています。泣く、ミルクを飲む、
首がすわる、寝返りをする、ずり這いを
する、ハイハイをする、お座りをする、
高這いをするなど発達段階で乳児が見せ

る動きは、すべて顎から動かす動きになります。顎から動かすことを繰
り返し経験することで、立って歩くようになっても、顎からの動作がで
きるようになります。

　顎から動かせるということは、身体の土台となる発達のプロセスを
しっかりと踏んでいるということです。そうすることで、身体の柔軟性
や安定感が得られます。生活習慣を身につけたり、しっかり遊んだりす
るためには、この身体の動かし方を経験することが大切です。

　乳児はこのように身体を動かして成長します。しかし、なかには顎か
らの連動がとれていない乳児もいます。そうなると、寝返りをしない、
ハイハイをしないといった姿がみられます。ですから、遊びや保育での
かかわりのなかで、顎からの連動をとり、動けるようにすることが必要
です。

02 身体の動きを見る ポイント

≡ 母指球の働き

　乳児の身体の動きを見る時に、わかりやすいポイントがあります。顎（エラ）から口、手足を動かしている場合、母指球（ぼしきゅう）という手足の親指の下にあるプクッとした部分を動きのなかで使っています（足の場合「母趾球」とも表記します）。

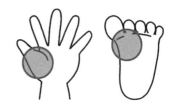

　本来経験するプロセスを獲得している乳児は、母指球を使って動いています。哺乳瓶を使ってミルクを飲ませると、哺乳瓶に手の母指球を当てて持つ動作を反射的に行います。ミルクを飲む際、顎も使っているので、顎から手足の母指球に連動していることがわかります。

　顎と手足が連動している乳児は、寝返った時、手足の母指球が床についています。寝返っても床に手足の母指球がついていない場合は、身体の振りだけで寝返っているので、正しい動きとはいえません。母指球を使っていないので、腕で上半身を支えることができず、うつ伏せの状態が苦しくなり、うつ伏せを嫌がるようになります。

・・・

寝返りの姿が判断基準になる

寝返りをした時の乳児の姿で、母指球が使えているかどうかが判断できます。寝返りができないのは、母指球が上手に使えていないためです。

寝返りの状態で、次の発達過程で見せる子どもの姿が変わります。ずり這いの動きは、母指球をしっかりと使った動きになります。最初はうつ伏せで身体を支えるだけだったものが、母指球を使うことで、腕や脚をダイナミックに使いながら前進できるようになります。また、ハイハイは、母指球を使わないとできない動きです。

お座りは、手をついて足の母指球を使ってお尻を上げてから座ります。これも母指球を使う動きになります。高這いも、母指球を使って身体全体を支える動きです。ですから、高這いができるようになれば、母指球に力がついてきたということになります。

乳児はこれらの発達過程を経験することで、2本の足で立って歩けるほどの強い母指球を獲得していきます。個人差はありますが、約1年かけて乳児は歩けるようになります。

母指球を使って身体を動かしていることが、顎から連動しているかどうかの目安になります。母指球を使って動いているか、乳児の動きを見てみましょう。🖐

5

03 発達のプロセスを
踏むための身体の状態

≡ 3つの筋肉のタイプ

　これまで、乳児が発達のプロセスを経験するための身体の動かし方についてお話ししました。このプロセスをしっかり踏んできた子どももいれば、そうでない子どももいます。この違いの理由がわからなければ、母指球を使う身体にするのは難しいでしょう。

　発達のプロセスが上手に踏めていないということは、顎^{エラ}から口、手足への連動がうまくとれていない、とれていても十分でないことになります。理由として考えられるのが、筋肉の緊張と低緊張にあります。

≡ ふっくらと張りのある筋肉

　筋肉の状態がよいと、本来の身体の空間が筒状に保たれます。顎から口、手足までが連動し、手足の母指球が使える身体になります。

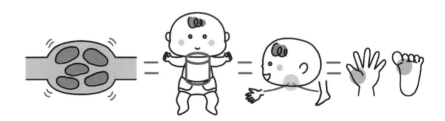

緊張した筋肉

　筋肉の緊張により、身体が収縮し、本来筒状で保たれていた身体の空間が狭くなります。筋肉が引っ張られることで、顎から口、手足まで連動することが難しくなります。可動域に制限がかかり、硬い身体になります。連動がとれないため、身体を動かした時、母指球を使おうとしない動きになります。

一定の張りがない筋肉

　一般的には低緊張といわれます。腕や脚を持つと、柔らかく関節もゆるいです。フワフワとした柔らかい地面に立って行動している感覚です。その状況で普段と同じことをすると、必要以上に力が必要になります。また、力を出すこと自体が大変なので、出せる力も弱くなります。

　この場合、顎から口、手足まで連動していないため、動きのなかで母指球を使おうとしません。一つひとつの動作の獲得に多くの時間が必要になるのです。

筋肉が緊張している場合、緊張を取り除けばふっくらと張りのある筋肉になります。緊張で狭くなった身体も、本来の筒状の空間に戻ります。しかし、筋肉に一定の張りがない場合、ふっくらと張りのある筋肉で身体が筒状に保たれるように育てることが必要です。そのためには、顎から連動できるよう、遊びやかかわりに取り入れていきます。

　この筋肉の状態を子ども自身が修正していくことは難しいです。反対に、遊びやかかわりを通して筋肉の状態が改善されると、子どもは自分で必要なプロセスを踏み始めます。

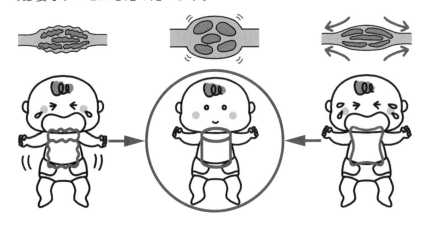

実体験からわかった 筋肉と母指球の関係

　以前の私は、寝返りができない、ハイハイができない乳児がなぜできないのか、その理由はわかっていませんでした。それがわかったのは、私自身の実体験からでした。

　以前、私は身体の不調が強く、腰痛や肩こり、慢性的な倦怠感に悩まされていました。この不調は、筋肉の緊張からくることがわかりました。緊張した筋肉からふっくらと張りのある筋肉に変わったことで、今まで使えていなかった母指球でしっかり立ち、歩けるようになりました。母

指球が使えるようになったことで、身体の不調が改善しただけでなく、身体が柔軟になり安定感が出てきたのです。

　筋肉の緊張を取り除くことで、元気に動ける身体を手に入れた私は、子どもも同じだと考え、緊張した筋肉からふっくらと張りのある筋肉へと変わるように、遊びやかかわりを通して取り組んでいきました。

　すると、幼児であれば、姿勢がよくなり、パフォーマンスが向上しました。それを乳児に実践したところ、寝返りができなかった子どもが、ふっくらと張りのある筋肉になった途端、寝返りができるようになりました。母指球を使わず動作をとっている子どもは、筋肉の緊張を取り除いたり、顎から口、手足の連動をとったりすることで、母指球が使えるようになりました。

　この経験から、乳児が寝返りやハイハイをできないことの理由に、筋肉の状態が関係していることがわかりました。それならば、「緊張している筋肉の場合は、ふっくらと張りのある筋肉に変え、母指球がしっかり使える身体へ」「一定の張りのない筋肉の場合は、顎から口、手足の連動をとり、母指球を使える身体へ」と導いてあげることが必要だとわかりました。

　乳児の頃に、この筋肉の状態に気づき、かかわってあげることで、発達のプロセスがしっかり踏め、歩くまでの準備がよい状態で行えるようになります。

　遊びやかかわりでアプローチできるのであれば、ぜひふっくらと張りのある筋肉へと導いてあげたいものです。　　　🖐

04 筋肉と空間が心地よい身体を作る

心地よい呼吸

　ふっくらとした張りのある筋肉があれ
ば、身体が筒状になり、本来の身体の空
間が保たれます。呼吸の際、身体に酸素
を取り込む場所が十分にあることにな
り、自然と深い呼吸が行われるのです。

本来の空間　狭くなった空間

　しかし、筋肉が緊張すると身体の空間
は狭くなり、酸素を取り込む場所が狭くなることで、呼吸は自然と浅く
なります。

　病気になると、息苦しくなって「ハア、ハア」と口で呼吸をするよう
になります。身体のなかの内臓が機能低下を起こし、筋肉が緊張し、身
体の空間が狭くなります。空間が狭くなった身体は、効率的に酸素が取
り込めるよう、口を開けて呼吸をするようになります。

　筋肉に緊張がある場合や一定の張りがない場合も、呼吸が浅くなるの
で口呼吸になりやすいと考えられます。大人でも、日中は口を閉じてい
ても、寝ている間はストレスや疲労で筋肉が緊張し、口呼吸になってい
る場合が多いものです。

　「口呼吸でもいいのでは？」と思うかもしれませんが、口呼吸になる
と身体に菌が侵入しやすくなり、風邪をひきやすくなったり、免疫低下
が起こり病気にかかりやすくなったりします。口を開けて寝ていたら、
朝起きた時に口のなかが乾燥し、喉が痛くなり、菌の侵入で発熱した経
験がある人もいるのではないでしょうか。

加えて、顎_{エラ}から連動できていないため、手足の母指球を十分に使うことができていません。鼻呼吸ができるということは、母指球をしっかり使えることと同じなので、鼻呼吸ができることが望ましいといえます。

心地よい哺乳力

乳児は鼻で酸素を取り込みながら、母乳やミルクを飲んでいます。筋肉の状態で呼吸が深くなったり浅くなったりする話をしましたが、ミルクを飲む量にも影響します。

呼吸が深いと深く吸い込むことができるので、ミルクを飲む量が多くなります。反対に、呼吸が浅くなれば飲み込めるミルクの量が少なくなります。この時、口はミルクを飲むことで塞がれているので、鼻からの呼吸の量がそのまま、飲むミルクの量になります。

筋肉の状態により吸う力が発揮されない場合、がんばって吸っているのにミルクがあまり出てこない状態が予想されます。反対に、ミルクをしっかり飲むことができるとお腹がいっぱいになり、副交感神経が優位になり、リラックスした状態になります。すると、睡眠も促されます。

ふっくらと張りのある筋肉は、顎から連動できているので、手足の母指球を使って全身運動をしながら飲むことができます。

ミルクを飲むという全身運動は、首や背中も動かしています。ミルクを飲み続けるという繰り返しの動作が首の筋肉を育て、やがて首がすわるという発達のプロセスを迎えます。年月だけが首をすわらせるのではなく、ミルクを飲む動きが首がすわるために必要な筋肉を育てているのです。

心地よく泣く

　乳児の仕事の一つに「泣く」ことがあります。生まれてきた乳児が自力呼吸とともに行うのが「泣く」という行動です。

　ふっくらと張りのある筋肉があると、身体は本来の空間が保たれた筒状なので、お腹からしっかりと泣くことができます。反対に、筋肉に緊張があると身体の空間が狭くなり、本来もっている力を発揮して泣くことができません。

　パイプオルガンという楽器がありますが、名前のとおり、パイプを通して音が出ます。もしパイプオルガンのパイプが変形していたり、張りのない状態であったりしたら、きれいな音が出るでしょうか。音がこもったり、音程がずれたりすることが予想され、きれいな音色が実現できなくなります。

　乳児の身体もパイプオルガンと同じです。筋肉が緊張したり、張りのない状態であったりしては、本来の力を発揮して泣けません。

　また、乳児は泣くことで肺や横隔膜、気管や気管支を育てます。泣くことは生理的欲求を伝えるだけでなく、内臓の運動といえるでしょう。

☰ ご機嫌

　大人であれば、筋肉が緊張すると痛みを感じることもあります。肩こりや腰痛、頭痛など、痛みはとても不快に感じるものです。女性は、気圧やホルモンの状態でも身体の筋肉が緊張して硬くなり、痛みを伴い不調を訴えることが多いものです。

　痛みとは、筋肉が引っ張られて起こるものです。例えば、髪を引っ張られると皮膚も一緒に引っ張られるので、痛いと感じます。頬をつねると、皮膚が引っ張られて痛いと感じます。これらはすべて、皮膚と一緒に筋肉が引っ張られることで痛みを感じているのです。肩こりや腰痛、頭痛も、筋肉の緊張により硬くなって起こることが多く、筋肉の緊張を取り除くことで、痛みはなくなります。

　乳児は2本足で立っていないため、大人と比べると重力の抵抗が小さく、大人ほどの痛みはないと思いますが、お腹の羊水にいる時とは違い、重力の影響を受けています。筋肉に緊張があるほど不快感を抱き、ご機嫌にもつながるのではないかと考えられます。

　ふっくらと張りのある筋肉で身体が筒状であれば、自分で身体をしっかりと動かすことができます。動ける身体は退屈しないものです。生理的欲求が満たされていれば、身体を動かす運動そのものが乳児にとっては遊びになります。

≡ 心地よい眠り

　乳児にとって、睡眠は大事な仕事の一つです。しかし、抱っこしないと寝てくれない、布団に寝かせようとしたら目を覚ましてしまうという話もよく聞きます。

　生まれた頃は睡眠が安定しないものですが、よく眠る乳児と、すぐに目が覚めてしまう乳児がいます。同じ兄弟でも、眠りが浅いことで手がかかる子どもと、よく眠るので大変と思わずに育てた子どもと、なぜか分かれることがあります。

　これは育て方というよりは、乳児の筋肉の状態にあるのではないかと感じています。おくるみに乳児を包んだり、寝床を少し整えたりするとスヤスヤと眠ることがあります。乳児が重力で受ける筋肉の緊張を取り除くことができるため、リラックスできる状態になるのではと考えられます。

　筋肉の緊張がない乳児は、布団に当たる背中部分の筋肉も柔らかく、フワフワしています。筒状の身体なので、手足をしっかりと動かし、あお向けで身体を揺らし、心地よく布団に寝転がることができます。

　一方、筋肉が緊張している時は、布団に当たる背中部分は硬くなっています。身体が筒状ではないため、顎から手足への連動がうまくいかず、動きも活発ではありません。布団に寝てもあまり心地よさを感じられていないのではないでしょうか。

　例えば、堅い壁にボールを投げると、壁が堅ければ堅いほど強く跳ね返ってきます。反対に、柔らかいクッション性のある壁の場合、投げたボールの跳ね返りはゆるやかになります。

　壁が背中の筋肉の状態だとしたらどうでしょう。背中の柔らかさによって、布団に寝かせた時の感覚が随分と変わります。硬い背中であれば刺激が強くなり、感じる感覚も敏感になってきます。柔らかい背中であれば、刺激も少なくなります。

　そう考えると、眠る場所を整えることも大切ですが、乳児自身の身体を柔らかくして、心地よくすることが大切です。乳児の力で心地よい眠りが叶うのであれば、そうしてあげたいですね。

　昼寝の時間がある場合、多くの子どもが最初はなかなか眠れない、眠ってもすぐに目を覚ましてしまいます。これは、新しい場所や人に対して緊張しているので、筋肉も緊張しているためです。次第によく眠るようになりますが、これは、新しい環境に慣れ、安心できる場所となり、緊張していた筋肉がゆるんでリラックスできるためです。

　私たちも、エステや身体をほぐす施術を受けると、すぐに眠くなります。それは、筋肉の緊張がゆるみ、リラックスするためです。交感神経が副交感神経にシフトされ、頭もすっきりするのではないでしょうか。脳が緊張している時は、身体も緊張しています。心配事があったり、次の日いつもと違った予定があったりすると、いろいろと考えてなかなか寝つけなかったりします。

　また、車に乗ると「子どもは寝てくれる」という話もよく聞きます。車に乗ると、同じテンポで振動が繰り返されます。振動は緊張した筋肉をゆるめてくれるので、眠れる条件が整うことになります。

　イラストのポーズで眠っている子どもを見かけたことはありませんか？　この場合、背中をつけるよりも筋肉がゆるんで心地よいと感じ、自然とこのポーズをとってしまうと思われます。大人になってもあお向けで眠れない人は、そのほうが楽だと無意識に感じているのではないでしょうか。

このポーズで眠る場合、原始反射の感覚統合から考えると、背中をつけて眠るほうがよいと思います。また、乳幼児突然死症候群（SIDS）の予防としても、あお向けで眠ることが推奨されています。

　ふっくらと張りのある筋肉があると、身体がしっかりと動きます。よく動いて遊ぶことができれば、自然と身体が休息を求めます。しっかりと身体を動かせることも、心地よく眠るためには必要です。

心地よく動く

　ふっくらと張りのある筋肉は、本来の身体の空間を保ち、筒状をしています。この場合、顎から口、手足が連動できているため、乳児の動きを見た時、母指球を使った動作を行っていることになります。

　乳児が最初に自分で体位を変える動作が寝返りです。寝返った時の表情は「寝返りできちゃった！」と言わんばかりです。自信というのはこの頃から育つ感情だと感じられる瞬間でもあります。

　筒状の身体をジュースの缶に見立てます。素材はアルミです。その缶を横に倒すと、コロコロと転がります。寝返りをする乳児は、この缶のような状態です。

　アルミ缶は、きれいな形の筒状です。ジュースは筒状のアルミ缶に、よい状態で入っています。入っているジュースは内臓のイメージです。筒状の身体は、顎から口、手足へと連動し、母指球をしっかり使っているので、アルミ缶と同じようにコロンと寝返ることができます。

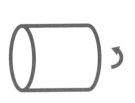 

　潰れた缶だとどうでしょうか。筋肉は引っ張られると硬くなるので、スチール缶でイメージしてください。デコボコとしたスチール缶を横に倒して転がすと、コロコロと転がるでしょうか。デコボコしたスチール缶は転がってくれません。中身のジュースは潰れた缶に圧迫されるので、飲み口が開いて外に溢れ出すかもしれません。出てこなくても圧がかかった状態になり、内臓に例えると、圧迫されることが予想されます。

　筋肉の緊張は、顎から口、手足へと連動できていない状態です。母指球が使えない状態になっているので、腕や脚の可動域に制限がかかり、なかなか寝返りができないことになります。ですから、筋肉がふっくらと張りのある筒状の身体にすることが必要です。

　筋肉に一定の張りがない場合、筒状のビニールに水を入れた状態をイメージしてください。表面が柔らかく横に倒して転がした場合、ポニョポニョしていて、コロコロと転がることができません。

　そのため、顎から口、手足が連動するような遊びやかかわりが必要です。まずは張りのある筒状の身体にするため、母指球を使い筋肉を育てる必要があります。時間はかかりますが、母指球が使えるようになることで、寝返りができる身体に育ちます。

心地よい循環と排泄

　筋肉は、身体の体液を循環させるポンプの役割を担います。水槽のポンプのようなもので、体内の水分、栄養と酸素を身体中にめぐらせます。硬い筋肉や張りのない筋肉は、ポンプするための弾力がないため、機能が低下し、循環が十分に行われません。

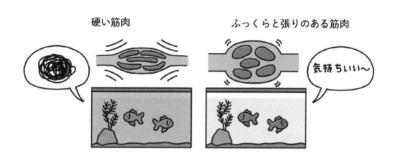

硬い筋肉　　　　　　　　　ふっくらと張りのある筋肉

気持ちいい〜

　女性に多いのが、夕方になると脚がむくむ症状です。これは、筋肉が硬いためにポンプ機能が低下し、体内の水が脚に滞った状態です。硬くなった筋肉をゆるめてあげれば機能は復活し、むくみは解消されます。脚だけでなく、身体に水がめぐることで、顔色もよくなります。疲れていると顔がむくむのは、筋肉による機能が低下するのが原因です。

　また、循環とセットになるのが排泄です。排泄は、循環できる身体があって初めてスムーズに行われます。筋肉が緊張すると、身体の空間が狭くなります。そうすると、空間のなかにおさまる内臓が圧迫され、一つひとつの臓器が機能低下し、本来の力を発揮することが難しくなります。

　例えば、身体にストレスがかかると筋肉が緊張状態になり、便秘や下痢になる人も多いのではないでしょうか。これは、筋肉が緊張することで腸に圧がかかり、機能が低下し本来の力を発揮できていない状態です。反対にリラックスできると、便秘や下痢が解消されます。臓器がしっかり機能を発揮することで、老廃物が便や尿、汗として身体の外へ排泄さ

れます。

　また、身体を動かし汗をかくことで、汗腺が育ちます。そのほか動くことで、体内の熱が発生します。

　乳児にとって心地よい身体を考えた時、筋肉の状態が影響していることがわかります。ふっくらと張りのある筋肉は、バランスよく身体が機能することにつながります。乳児自身がもつ力が十分に発揮できるよう、遊びやかかわりを通して心地よい身体に導いていきたいものです。

　乳児にとっても大人にとっても、心地よい身体、しっかり動ける身体、健康な身体は、同じ条件です。乳児を強調しているのは、人間の土台を作る大事な時期であり、この時期の身体の動かし方が基本となるためです。

　寝る子は育つといわれます。これは、筋肉によってそれぞれの欲求が満たされることで、心地よく発達するという意味ではないでしょうか。

05 原始反射と感覚統合

≡ さまざまな「反射」と「感覚」

「原始反射」という言葉をご存知でしょうか。原始反射とは、口におっぱいを持っていくと反射的にミルクを吸う吸啜反射や、手のひらに指を当てると反射的に握る把握反射など、乳児の意思とは関係なく反射的に起こる身体の動きをいいます。

　子どもの発達や身体の動きを考えた時、この原始反射の動きに戻ることも多く、知識として知っておいてほしいものです。

　原始反射で使われる「感覚統合」とはどういうことでしょうか。反射的に動かす身体の動きを繰り返し経験することで、自分の意思でその動きができるようになることを「統合」といいます。感覚という言葉がつくのは、原始反射の身体の動きの統合によって、感覚的なものが育つめです。

固有受容覚

よく耳にする感覚には「五感」（視覚、聴覚、嗅覚、味覚、触覚）がありますが、「固有受容覚」「前庭感覚」もあります。「固有受容覚」とは、筋肉や関節によって自分の身体の位置や動き、力の入れ具合を感じる感覚です。例えば、抱っこやおんぶをしてもらう、目の前の動きを見て模倣する、距離や方向がわかりその場所に行けるなどです。

そのほかにも、力加減がわかり、コップのサイズに合わせて適量をこぼさないように入れる、ハサミで紙を切るなど道具を操作していろいろな物を作る、文字を書いたり、写したり、目で追って読み書きができるなど、固有受容覚が育つことでさまざまな動きに合わせた動きをとることができるようになります。見たり触ったりすることで、脳はいろいろな情報を無意識にコントロールしています。感覚統合がうまくいかないと、それに応じた行動をすることが難しくなります。

前庭感覚

「前庭感覚」では、耳石器と三半規管が受容器となり、加速や回転、傾き、高さ、重力を感じています。例えば、倒れないように姿勢を保とうとする、道具に合わせてバランスをとりながら身体を動かす、縄跳びを跳ぶことや自転車に乗る、ボール遊びや鬼ごっこをする、ジェットコースターに乗って興奮する、自律神経系の調整で車酔いを防ぐなどです。

前庭感覚は、加速や回転、傾き、高さ、重力などに対して身体のバランスを保つための感覚です。ボール遊び、鬼ごっこやルールのある集団遊びで動きながら物をとらえる時に発揮します。声を出して絵本を読む時も同じです。前庭感覚が未熟だと、運動遊びのさまざまな動きに不安を抱きやすくなるため、楽しく遊ぶためにも育てていきたい感覚です。

代表的な原始反射

　原始反射には多くの種類があります。母親のお腹のなかで、すでに統合されるものから、発達のプロセスを通して統合されるもの、新たに育つ反射運動などさまざまです。ここでは代表的な原始反射を紹介します。

●●● ガラント反射

　産道を通る時に使われる反射です。背骨の横のあたりを上から下に触ると、乳児は触られた側にお尻を振ります。右を触ると右にお尻を振り、左を触ると左にお尻を振るという反射です。また、ガラント反射は、背中を司る骨の形成や排尿機能を育てる大切な反射です。

●●● モロー反射

　母親の身体から落ちそうになった時につかまろうとする反射です。抱っこされると安心するのはこのためです。抱っこから布団に下ろそうとすると、目を覚ましやすいのも同じです。眠っている時に、光や音に対してビクッとする姿を見せます。どちらも危険から身を守ろうとする本能的な反射です。

ビクッ

吸啜反射

　おっぱいや哺乳瓶を口につけるとくわえ、吸う運動を繰り返す反射です。

探索反射

　口の右側に触れると右に、左側に触れると左に、何かを探そうとする反射です。

把握反射（手、足）

　乳児の手のひらや足の裏を指で刺激すると、ぎゅっと握り返す反射です。

非対称性緊張性頸反射

　乳児をあお向けに寝かせて、右に頭を向けると、右側の腕や脚が伸びて、左側の腕や脚が縮み、左に頭を向けるとその反対になる反射です。寝返りやずり這いは、この動きが統合されて行われます。

緊張性迷路反射

頭を起こすと腕や脚を収縮させ、頭を下ろすと腕や脚が伸びる反射です。

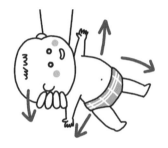

バビンスキー反射

足底の外側を踵から足趾にかけて刺激すると、親指が内側の方向に開き、他の指が扇状に開く反射です。

足踏み反射、踏み出し反射

脇を抱えて足をつけようとすると、歩くような動作をしたり、足で床を押して突っ張ろうとしたりする反射です。

パラシュート反射

身体を逆さにすると、床に手をつけようとします。これは、転んだ時にとっさに手をつける反射で、大人になっても使い続ける反射です。

対称性緊張性頸反射

　頭を上げると上半身を伸ばし、下半身を曲げる動きをします。頭を下げると反対に上半身を曲げ、下半身を伸ばそうとします。お尻が上がった動きなので、ハイハイの前に現れる原始反射です。

　以上、代表的な原始反射について説明しました。原始反射をしっかり感覚統合させるためには、原始反射をしっかりと経験することです。

　原始反射の統合は、反射的な動きを経験することで、自分の動きとして獲得します。三輪車や自転車は、乗らないと乗れるようにはなりません。原始反射の動きも、経験していかなければ自分のものにはできません。

　筋肉の状態で、原始反射を経験できている乳児もいれば、そうでない乳児もいます。原始反射は母指球を使った動きになります。ですから、顎（エラ）から口、手足への連動が必要です。つまり、筋肉の状態で原始反射がしっかり行えるかどうかが決まるのです。乳児の筋肉の状態がよければ、原始反射がしっかり行えます。感覚統合するためにも、原始反射をしっかりと体験できることが必要です。

06 乳児の発達のプロセスと原始反射

原始反射と密接な関係にある発達のプロセス

　乳児の発達のプロセスは、原始反射と密接な関係があります。反射的に起こる動きを経験することで獲得するのが発達のプロセスです。

　首がすわることは、どのような反射が関係しているのでしょうか。手足の把握反射、おっぱいやミルクを飲む吸啜反射、あお向けに寝転がり背中の刺激を受けて反射させるガラント反射、モロー反射などさまざまな反射が関係しています。

　これらの反射運動を繰り返すことで、十分な運動量に達し、筋肉が育った時に、首がすわります。反射運動を活発に行うことができれば運動量は多くなり、反射運動が弱ければ運動量は少なく、首がすわるというプロセスまで時間を要することになります。

　寝返りは、これらの反射運動に加えて、非対称性緊張性頸反射の動きが活発になります。繰り返し経験することで統合され、自分の動きとして獲得し、寝返りができるようになります。

　うつ伏せで床に手の母指球を押し当て、腕や手を動かすことで、把握反射が統合されていきます。床に触れても、ぎゅっと握る反射的な動きにはならず、手のひらを開いてずり這いで前進するようになります。

　このように発達のプロセスは、原始反射と統合の連続にあるものです。例えば、寝返りができないと、形だけをとらえさせようと思っても、なかなかできません。反射をしっかり行うことのできる身体にすることが必要です。

　発達のプロセスを踏むと、その動きができることで感覚統合につなが

ります。また、プロセスを踏むことでその時期に育つものがあります。身体の動きとさまざまな育ちは比例が多く、「この動作ができるから、この部分が育ってきた」と考えられます。

● ● ●
あお向け

あお向けの乳児は顎（エラ）から腕や脚を動かして、魚と同じような動きをします。魚はエラで行きたい方向へ舵をとり、全身を動かしています。乳児の動きも同じで、顎から全身を動かすので「魚時代」とも呼ばれます。

顎から手足に連動していると、移動しなくても、腕や脚を動かすことで全身を動かしていることになり、背中もしっかりと動き、ガラント反射の統合につながります。

また、ミルクやおっぱいを飲ませて布団に下ろす時や寝ている時は、モロー反射が行われます。ビクッとした時は腕や脚を伸ばしますが、その後、抱きつくように縮めます。これが上手に抱っこやおんぶをされることや、身体の柔軟性につながります。

● ● ● ●
首がすわる

首がすわると、自分で重い頭を支えながら身体を動かせるようになり、非対称性緊張性頸反射も活発になります。音がした方向や、ものを中心よりずらして見せると、そのものを見ようとして頭を傾ける行動がみられます。頭を動かすことで、反射的に腕や脚の運動が行われます。

動きが活発になると、自分で全身を横に揺らし、背中への刺激が入り、ガラント反射が活発に行われます。あお向けが心地よくできれば、あお向けで眠る、ガラント反射を行う、寝返りに向かうといった、全身を使った反射運動ができることになります。

背中をつけて過ごすことはとても大切だとわかります。頭を動かして自分でものを見ようとする力がつき始めるのもこの頃です。

● ● ● ●

寝返り

寝返りは、乳児が初めて自分で体位を変える行動です。がんばって、不意にできた時の嬉しそうな顔を目の当たりにした人も多いのではないでしょうか。感覚統合と寝返りは大きな関係があると感じられます。

非対称性緊張性頸反射をすることで、コロコロと身体を動かし、可動域が広がり、自分の意思で寝返りができるようになります。この反射が統合されないと、歩き出した状態でも、頭を動かすと動かした方向に腕や脚が反射的に伸びてしまい、落ち着きのない行動につながります。

身体をクルクル回転させるこの時期には、大きな意味があります。眠っている時、無意識に寝返りができるようになるのはこの経験によるものです。寝返りは、リラックスして眠るためにもとても大切です。

この時期は、固有受容覚や前庭感覚が育つ時期になります。寝返りはマット運動や鉄棒で経験する、回るという動作にもつながります。運動遊びや健康に過ごすためにも、寝返りはしっかり経験しておきたいですね。ベビーベッドで制限がある空間よりも、床でコロコロ転がれるほうが望ましいでしょう。

● ● ● ●

うつ伏せ

　乳児は、トカゲやワニのような感じでうつ伏せています。この時に大切なのが、手足の母指球をしっかり使っているかどうかです。母指球をしっかり使っている乳児は、自分の身体を手のひらで支えようとします。まるで腕立て伏せをしているような状態で、腕の筋肉を育てていきます。口と手、足は顎で連動しているため、同じ力を発揮します。手のひらを使うことで、足の母指球がさらに育ちます。

　あお向けとは違い、うつ伏せができると、見える世界が広がります。手の届くところにおもちゃがあれば、自分の意思で手を伸ばし、おもちゃをつかむようになります。

　また、見たいものを自分の意思で見ることができるようになります。腕や手のひらを使って身体を操作し、頭と身体を見たい方向に向けるようになります。

　腕や脚の動きは、母指球を使って爬虫類（はちゅうるい）と同じ方向に動かせます。母指球を使うことは、顎から腕や脚を動かしていることでもあります。

● ● ● ●

ずり這い

　ずり這いは、全身を使って移動する動きです。人間には全身を使って身体を動かすことが必要だと感じさせてくれる動きです。

　ずり這いができるようになると、行きたい場所に行けるようになるので行動範囲が広くなります。ものを見つけると、全部つかんで引きずり出そうとするのも、爬虫類の前足の動きを繰り返し行っているようなものです。

　右、左、右、左と連続して左右対象の動きをずり這いで行うようになります。その際、顎から足を動かしていますが、横隔膜も動き、上半身

と下半身をバランスよくつなぎ、歩く準備の始まりでもあります。起き上がる前にこの連続した左右対象の動きを行えることが、バランスよく歩くために大切です。この左右対象の動きはハイハイでも続くので、長い間繰り返し経験する動きになります。

　前進できるということは、それだけ手足の母指球が強く育ったことになります。母指球をしっかり使うためには、素足がいいでしょう。

● ● ●
ハイハイ

　昔からハイハイが大切といわれますが、一体なぜでしょうか。それは、この時期に育つことがたくさんあるからだと考えます。身体の使い方に始まり、言葉でコミュニケーションがとれるようになり、大人の言うことがわかるようになり、自分でご飯を食べるようになり、おもちゃを使って遊ぶようになる時期です。ということは、脳が大きく育つ時期でもあります。最近の早期教育では、この脳の育ちが注目されています。全身の動きを獲得することにより脳が育つため、脳にしっかりアプローチするのであれば、ハイハイを含めた乳児の全身運動に焦点を当てたほうがいいでしょう。

　以下、ハイハイが大切といわれる理由について説明していきます。

・姿勢、身体の使い方
　ずり這いの姿勢を見ると、骨盤が開いた状態で脚を動かしています。腕も、脇が開いた状態になります。それに対してハイハイは、膝が床につくことで、骨盤が閉じた状態になり、垂直に脚を下ろすことになります。腕も、脇を閉めた状態で手をつくようになります。

ずり這いとハイハイでは、身体の使い方が大きく異なります。ずり這いの後で立った場合、ハイハイで身体を動かした経験がないので、骨盤が開いた状態で脚を運ぶことになります。母指球も、経験不足から弱くなってしまいます。すると、脚の形や姿勢に影響を及ぼし、バランス

ハイハイを
しっかりした場合

ハイハイを
しなかった場合

をとるために身体に力が入り、疲れやすい身体になってしまいます。

また、脇や脚が開いた状態で動かすようになります。成長してスプーンや箸、茶碗を上から持とうとする子どもがいるのはそのためです。

ハイハイの体勢で顎から手足を動かす動作をしっかり繰り返すと、歩いた時にも顎から動作ができるようになります。正しい位置から腕や脚を動かせるので、見た目も美しく、自然と道具の正しい持ち方ができるようになります。ハイハイの動きが、機能的に動くために大事な役割をしていることがわかります。

・言葉の発達

ハイハイを始めると、早い時期からバイバイをするようになります。ずり這いの時には、バイバイはみられません。それは、手のひらを床に打ちつけて前進することで、手から脳に言語中枢が刺激されるため、発達すると考えられます。

しばらくすると、指差しが始まります。親指の母指球がグッと内側に入り、母指球が更に育ったゆえの動きと感じられます。別れる時に「バイバイは？」と声をかけると、それに応じてバイバイするようになります。指差しでは、鳥がいたら指差し、保護者や保育者が「鳥さんがいるね！」と応えると、伝えたことがわかってもらえたと嬉しそうな表情で、次の行動に移ります。

この時に伝える方法や伝わった嬉しさ、満足感を味わい、安心を感じ、原動力として次の遊びを始めます。指差しを通してその気持ちを垣間みることができます。

　これらの行動は、対象とするものがあり、それを介して伝え合うというコミュニケーションの始まりでもあります。指差したものが伝わらないと「あーあー」と繰り返し訴え続けたりします。今まで「これ食べたい！」「これがいる！」と、泣いて要求していた姿が、具体的に指で示すことができるようになります。「見て、こんなの見つけた！」「あれ？何か音が聞こえた」と、発見した時の知らせ方、同じ気持ちを共有したい時の手段がわかるようになります。指差しがあれば、「あーあー」と言葉になっていなくても、大体のことがわかるようになります。

　保護者や保育者への訴えや共感してほしいことは、乳児期から発信されます。生理的欲求を満たしてもらうことから始まり、ハイハイの時期には具体性を増すため、その思いにしっかり応えたいものです。

　歩行を始めてもバイバイや指差しがみられない場合もあります。その際は、ハイハイを経験していないことがほとんどです。観察のポイントとして、動きのなかで手のひらを使っていないことが考えられます。その場合、ハイハイの動きや手のひらを使った遊びをすることで、指差しをするようになります。

・手の発達

　ハイハイの時期には、手の機能も発達します。ずり這いからハイハイにかけて物をつかめるようになるので、棒状の食べ物やスプーンを握らせると、口に運ぼうとする姿を見せます。自分で食べ物を持って食べることを始める時期です。おもちゃを握ることはできますが、操作することはまだ難しく、口に運んでベロベロ舐める動作がみられます。

　このようにハイハイの動作を繰り返すことで、指先が使えるようになってきます。そうすると物を握る・つかむから、つまむ動作ができる

ようになります。つまむ動作ができるようになると、指先での操作が可能になるので、おもちゃを使って遊ぶことができ、口でおもちゃを舐める行為が減ります。

絵本のページをめくれるようにもなります。物をつまめることで、一口おにぎりや粒状の物を自分で口に運んで食べられるようになります。スプーンを持たせると、スプーンに乗せた物を口に運ぼうとしたり、落ちないように反対の手で操作したり、両手を使おうとするのもこの時期です。

また、コップを手の母指球で包み込むように持って、自分で傾きの調整をし、ゴクゴクと飲めるようにもなります。自分でできることが増えてくるのがこの時期です。

・見る

手の発達とともに、見る機能も発達します。指先を使っておもちゃで遊べるようになるということは、玉を穴に入れるおもちゃであれば、その部分をしっかり注視できるようになります。それに手の操作が加わります。

入れて出てくるおもちゃであれば、遊びを通していろいろなことを学び始めます。手の動作と見ることをふんだんに使って試すことを追求する時期です。

ハイハイで移動ができるようになると、見えるものを目がけて移動するようになります。次第に、動いているものを目で追って移動し、前だけでなく、横や後ろなど、さまざまな角度からものを見るようになります。これが、ボール遊びや鬼ごっこの遊びにもつながります

「読んで」と絵本を持ってくるのも、この時期です。ページがめくれるようになったり、登場するものを指差したり、読んでくれる言葉と絵を重ね合わせたり、リズムのある言葉やいろいろな音に触れるようにな

ります。聴く力もついてきます。

　ハイハイの時期になると、模倣ができるようになり、見たものを同じ
ように表現しようとします。

・**気をつけたいポイント**

　しばらくハイハイをすると、そろそろ立って歩けるようになるかもと
想像する人も多いと思います。手と足の母指球は顎と連動しているので、
手でつまむことができないとしたら、足の母指球も同じです。足の母指
球と手の発達は同じなので、まだ歩くための機能を備えていないのに「な
かなか歩かない」と、早く歩くように練習させるのは間違いです。

　昔から、歩く練習はしなくていいといわれます。それは、歩くために
必要な機能が育つまで待ったほうが強い母指球が育ち、立った時に安定
した身体になるためです。

　ハイハイを長く経験した子どもほど、安定した動きをすると感じるこ
ともあるのではないでしょうか。機能が育たないまま歩かせるというこ
とは、身体に緊張を生む原因になり逆効果になります。

　ハイハイを経験していない子どもに多いのが、手のひらを使って遊ぼ
うとしないことです。粘土遊びでは指先だけで遊んでいる場面を見かけ
ます。握力が弱いのも特徴的で、握ることを必要とする遊びは積極的に
しません。握力が弱いので、文字を書く際には、柔らかい芯の鉛筆を使
用しないと書けなかったり、ハサミや箸の操作がうまくいかなかったり
します。

　手のひらと足の裏は、把握反射でつながっています。把握反射の統合
により、ハイハイで床に手のひらを打ちつけられるようになります。そ
れに伴い、足裏の反射も統合されるので、足裏をつけて歩くことができ
るようになります。

　爪先立ちで歩く子どもは把握反射が統合されていないので、手のひら
を床につけることを嫌がります。また、手のひらを使った遊びをしよう

としません。手のひらを使うことで、把握反射が統合に向かうと考えます。

・ハイハイをしない原因

　対称性緊張性頸反射という反射運動があります。この反射は、他の反射が感覚統合されることで出てくる反射です。

　乳児はロッキングという縦揺れを繰り返し行うことで対称性緊張性頸反射が統合され、前進するハイハイを行うようになります。そう考えると、ハイハイをしない原因として、他の原始反射が統合されていないか、十分でないため、対称性緊張性頸反射が行われないことが予想されます。

　身体の発達は連続しているため、ある部分だけ見るのではなく、全体の動きを見ることが必要です。筋肉の状態により、一つひとつの反射運動や発達のプロセスの動きが十分でないと、ハイハイをしないことにつながります。

　ハイハイまでに母指球を使うことができていないとしたら、それ以前の発達のプロセスの動きに戻ることで、ハイハイをしなかった理由が想像できると思います。

　ハイハイの時期は、目に見えて育つことがたくさんあります。「ハイハイしませんでした。どうしたらいいですか」と質問が返ってきそうですが、ハイハイの動きやそれまでの発達のプロセスを、身体の動きとして獲得することで、育ちきれていないものが育ちます。園で多く取り入れられているリトミックやリズム遊びは、音楽に合わせて身体の動きを獲得するものの一つです。

　本書では、筋肉の状態にアプローチできる遊びやかかわりを提案しています。そのアプローチにより動ける身体になり、発達のプロセスの動きが獲得しやすくなります。

・お座りと離乳食

　お座りは、ずり這いをする頃になるとできるようになります。しかし、自分の力でお座りができなければ、必要な筋肉が十分育っているとはいえません。お座りをしていても、上半身が不安定になっていることが多く、無理して座らされている光景を見かけます。倒れないように後ろにクッションを置くことも、筋肉にはよい状態とはいえません。

　お座りは、手をついてお尻を上げ、足の母指球を使ってできるものです。早いうちからのお座りが筋肉を緊張させ、ずり這いやハイハイに影響を及ぼしていると感じます。お座りの時期を大切にするだけでも、発達のプロセスをしっかりと踏むことにつながります。

　発達と離乳の開始時期を見てみると、お座りができるのが生後6か月、歯の生え始めが6か月、離乳の開始が5～6か月とあります。すると、6か月頃を目安に離乳を開始すればよいのかなと思うかもしれません。

　最初はミルクやおっぱいなどの液体を口にしていた乳児が、固形物を食べられるようになるのはなぜでしょう。それは、食べる機能が育ってきたため、食べることができるようになるのです。

　それでは、食べる機能とはどんなものでしょう。条件の一つに「座ること」があります。自分で座れることにより、食べるための機能が育ち、食べる準備が整います。

　自分で座ることができる乳児は、ふっくらと張りのある筋肉をもち、身体が筒状に保たれ、口のなかも筒状です。口のなかが筒状に保たれると、咀嚼筋がよい状態で使え、唾液の分泌が活発になり、飲み込むことができます。

　一般的な離乳食を開始する時期に惑わされ、お座りができないのに始めてもうまくいかないことが多いのではないでしょうか。全身運動によって新たな身体の動きの機能が整ってはじめて、離乳食など次のステップに向かうことができます。

　また、口のなかの空間は歯並びにも影響します。本来の空間で歯が成

長できることが大切です。

・高這い

ハイハイをしっかり経験した先にあるのが高這いです。お尻を上げて四つん這いで動きます。膝を使わずに身体を支えられるようになるので、しっかりと母指球が育ってきたことがわかります。高這いは、ハイハイでしっかり手のひらを使ったことで、連動している足の裏も床につけることができるようになるのです。足裏（足のひら）をつけて立つ、歩くことが可能になります。

・つかまり立ち、伝い歩き

つかまり立ちは、ハイハイをしっかり経験した後が望ましいといえます。しかし最近は、住宅事情から、家のなかに乳児がつかまるところがたくさんあるので、早い時期につかまることを覚え、ハイハイの機会が奪われていると感じます。

乳児にとって、視線が高くなるのは嬉しいことです。つかまる場所があれば、ハイハイよりも立つことを優先するでしょう。しかし、なるべくハイハイの機会を多くしたいものです。

つかまり立ちができるようになった乳児は、最初は立つことだけしかできません。立ったのはいいけれど、「座れない〜！」と泣いて訴えることもあります。やがて脚を前に出すことができるようになると、膝を伸ばしたり曲げたりを何回も試しながら、座れるようになります。まるでトレーニングをしているようで、とてもかわいい姿です。そんなことを繰り返し、伝い歩きができるようになります。

・歩行

母指球を使った発達のプロセスを経験してきた乳児は、立ったり歩いたりする動作にとても安定感があります。これは、母指球がしっかり育っ

ていることで立っても顎から手足を動か
すことができているからです。柔軟性や
安定感があるので、正しい動作が行える
ようになります。この後で獲得するしゃ
がむ、跳ぶ、片足で立つなどの動作もス
ムーズです。

　気づけば、足から頭までまっすぐ立つことができ、自然と姿勢がよく
なります。それは、立っても母指球をしっかり使っているからです。生
活や遊びのパフォーマンスだけでなく、筋肉がよい状態に保たれ、疲れ
にくさにもつながります。

　気をつけたいのが靴選びです。「どうせ成長するから」と大きなサイ
ズをと思いがちです。大きいサイズは母指球が使えず、脚が疲れやすく
なります。せっかく母指球を育ててきたのに、靴選びで使えなくなるの
はもったいないですね。

　本来発達とは、練習したり鍛えたりするものではありません。乳児が
全身運動を繰り返し経験することで、必要な機能が育ちます。

　実際に乳児に「これはこうするのよ！」と指導することはないでしょ
う。乳児が自然に身体を動かすことで、発達が促されます。

　子どもの生活や遊びも、繰り返し楽しむことでできるようになります。
その根底には、これまで紹介した土台の部分が大きく影響しています。
乳児期を過ぎた子どもたちにできないことがあると、練習や訓練と名が
つくようになります。

　しかし、乳児が育つプロセスを見ると、大切なのは身体の機能が整え
られる機会を作ることです。よく動ける機能的な身体になれば、子ども
は自ら動き出し、できることが増えます。機能する身体の土台を、遊び
のなかで楽しみながら作っていきたいですね。

　こうした発達のプロセスを経験するために必要な環境は、動ける場所

です。さまざまな便利グッズがありますが、乳児が安全に、ご機嫌になるようにと考えられたものが多いのですが、乳児の動きを制限することにつながります。本来ならば動かしたい自然な動きを奪うことにもなります。

　園では、安全を確保するために、場合によっては仕方がないこともありますが、乳児期は「床と友だち」になるくらい、床で動くことを経験させたいと感じます。また、必要以上につかまる場所があると、十分にハイハイを経験する前につかまってしまいます。環境的にはとても難しいですが、意識しておきたいものです。

　乳児は身体を動かすことが仕事と考えれば、今獲得している動きをしっかりと堪能することが大切だと気づきます。　　　　　　　　　　　🤚

第 2 章

幼児の身体と動きを知ろう

01 姿勢がよい身体

　子どもが力を発揮できる身体とは、どのような身体なのでしょうか。ここでは、「姿勢がよい身体」「しっかりと動ける身体」「病気に負けない身体」という3つの視点で考えていきます。

よい姿勢とは？

　よい姿勢は、健康においても発達においても大切で、全身運動による土台がしっかり育つことで獲得できます。

　よい姿勢は、地面から天に向かってまっすぐ立つ姿勢で、必要とされるのはふっくらと張りのある筋肉です。

　筋肉が緊張すると、上半身は前側の筋肉に前に引っ張られ、下半身は後ろ側の筋肉に後ろに引っ張られます。引っ張られることでバランスを崩し、足の母指球がうまく使えない状態になります。前かがみになったり、バランスをとろうと反り返って立ったりするようになります。

上半身

下半身

　バランスをとるため、足裏は足の母指球ではない場所を使うようになり、足の外側や足の指を使って立とうとします。

　すると、足のアーチがうまく形

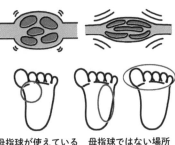

母指球が使えている　母指球ではない場所を使うようになる

成されず、扁平足や浮指になったり、靴を履くと踵ばかりすり減ったりするなど、足にとって好ましくない状態が出てきます。よく転ぶ場合は、これらが原因のことも考えられます。がんばって胸を張ったり背筋を伸ばしたりしなくても、ふっくらと張りのある筋肉があれば、母指球を使って立ったり歩いたりして、自然とよい姿勢になります。

　これは、座る姿勢でも同じです。ふっくらと張りがある筋肉があれば自然とよい姿勢で座れますが、筋肉に緊張があれば、上半身が前側に引っ張られて足の母指球が使えず、膝が開きやすくなります。机や椅子があることで楽な姿勢をとろうと、机にうつ伏せたり、肘をついたり、椅子にもたれかかる姿がみられるようになります。

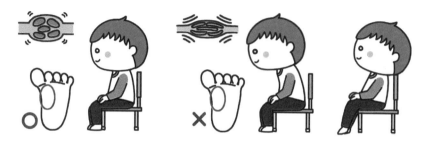

　反対に、姿勢をよくしなければと意識して座ると、一見よい姿勢に見えますが、筋肉を意識して緊張させることが習慣となり、力の抜けない疲れやすい身体になってしまいます。

　また、こうした座る姿勢は、ハイハイを行うまでの感覚統合と関係があります。まずはふっくらと張りのある筋肉を作り、全身運動によってさまざまな動きを獲得することが必要です。保育のなかで「背筋を伸ばしましょう！」「胸を張りましょう！」と声をかけるのは、筋肉の緊張を生むため逆効果です。正しい姿勢に導くためには、筋肉の緊張をとり、ふっくらと張りのある筋肉を作ることが大切です。

02 しっかりと動ける身体

本来の可動域で身体を動かす

しっかりと動ける身体には、安定感と柔軟性が必要です。安定感がなければ、バランスを必要とする動きがしづらくなります。柔軟性がなければ、いろいろな動きに対応できません。それでは、安定感があり柔軟な身体とは、どのような状態なのでしょうか。

第1章でお話ししましたが、心地よく動ける身体は、顎から腕や脚を動かしています。これが、2本足で歩く人間の正しい身体の動かし方です。顎から腕や脚を動かす動作を乳児から大人まで継続して行うことが望ましいです。

顎から動かすことで身体は柔軟になり、本来の可動域で身体を動かすことができます。反対に、筋肉に緊張があると身体は硬くなるので、顎から腕や脚が動かせなくなり、本来の可動域に制限がかかり、柔軟性に欠けてしまいます。

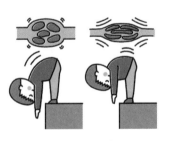

例えば前屈をする場合、ふっくらと張りがある筋肉があれば柔軟に動きますが、緊張している筋肉では、本来の可動域に制限がかかり硬い身体になります。

のけ反った場合も同じです。姿勢の説明で話したように、上半身は前側の筋肉に引っ張られます。前に引っ張られることで、背中側の筋肉も影響を受けて引っ張られています。背中の筋肉は緊張して硬くなり、柔

軟とはいえなくなります。

　わかりやすいのが、乳児のずり這いの動きです。顎から腕や脚を動かす動作なので、正しく身体を動かすことができます。筋肉の緊張を取り除くことができ、柔軟性が増します。

　合わせて、背中の緊張も取り除かれ、可動域が広がります。肩こりの症状があった場合、筋肉がゆるんで緊張がとれることで、痛みがなくなるかもしれません。顎から腕や脚を動かすことの大切さが実感できる方法なので、ぜひ試してください。

　柔軟性は、さまざまな場面に影響します。筋肉は緊張すると重くなり、身体が重いと感じます。私たちが「身体が重い」と感じるのは、筋肉の緊張によるものです。

　反対に、「身体が軽い」と感じるのは、緊張していない筋肉の時です。私たちは「身体が軽い」と、筋肉の重さを表現します。手を動かす家事も、身体が軽いとよく動くので、テキパキとこなせるのです。

　大変だと思うのは、重い筋肉や狭くなった可動域を、気持ちだけで動かそうとするためです。洗濯物を少し高い場所に干したり、布団を干したりするなど、腕を動かすのが大変と感じているとすれば、筋肉の緊張によるものと考えられます。

　子どもであれば、走って遊ぶ、遊具で遊ぶ、生活の動作などの動きに反映されます。筋肉の状態がよくなるだけで、身体は軽く感じ、本来の可動域で動かせるようになります。

≡ 身体の安定

　次に、安定感について解説します。ふっくらと張りのある筋肉は、身体の空間が筒状で保たれます。母指球もしっかり使えるので、安定感があります。

　「安定感」とは、立ったり歩いたりした時にグラグラせず、しゃがむ、しゃがんで歩く、片足立ち、ジャンプなど動いた時にバランスがとれることを指します。

　加えて、力を発揮できることも安定感の特徴です。ここに紙コップがあります。きれいな筒状の紙コップは、重い本をたくさん載せても耐えることができます。反対に、どこか形が崩れていると、安定感を失ってしまいます。人間の筋肉は紙コップと同じ状態といえます。

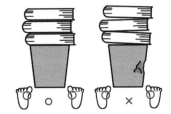

　ふっくらと張りのある筋肉は、母指球が使え、身体の空間が筒状に保たれ、安定感があります。反対に、筋肉に緊張があると、引っ張られてバランスを崩すので、母指球は使えなくなり、本来の筒状の形が保たれず、本を支えることができません。

　これは、子どもをおんぶしたり抱っこしたりする際の大人の身体の安定感や、小学校に行く時にランドセルを背負う安定感なども同じです。身体に安定感があることで、同じ重さでも軽いと感じます。安定してバランスがとれることで、余分な力が入らず、しっかりと力を出せることにつながります。この安定感と柔軟性は、身体を動かして成長する子どもたちにとって、大切な土台となります。

　「できる」「できない」にもつながるので、遊びやかかわりを通してしっかりアプローチしたいですね。安定し柔軟に身体が動くことで、夢中で遊び、挑戦したらできるようになった。そんなふうに楽しめるといいで

すね。

　子どもたちに試してほしいのが、走る前の準備体操を変えることです。今までストレッチを行っていたとしたら、本書で紹介する遊びを行った後で走ってみてください。

　足の運び方や上がり方、手の動かし方、身体の身軽さ、母指球をしっかり使った安定感のある大地を踏む音など、さまざまな変化を感じられるでしょう。

　子どもたちは、しっかり身体を動かすことで自身の身体を育てています。心地よく動くためにも、安定感と柔軟性が得られる筋肉に導きましょう。

03 病気に負けない身体

呼吸の質と身体の関係

　私たちは不調を感じると、呼吸が浅くなります。これは、本来の身体の空間が筋肉の緊張により狭くなるためです。子どもも同様で、元気に過ごすために身体の空間が本来の筒状になることが必要です。

口の空間づくり

　ふっくらとした張りのある筋肉があると、本来の身体の空間が筒状に保たれます。反対に、筋肉に緊張があると、空間は狭くなり、呼吸の質が変わります。深く呼吸ができると、リラックス効果もあり、自律神

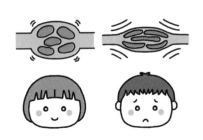

経の調整も行われます。活発に身体を動かして遊ぶためにも、呼吸の質を上げたいものです。身体の空間が狭くなることで、口の空間も狭くなります。厳密には、顎から連動しているため、どちらも同じく狭くなります。口の空間が狭くなると、さまざまな不具合が生じます。

不具合の一つが、口呼吸になりやすくなることです。鼻呼吸ではかかりづらい風邪の症状も、口呼吸では発熱や喉の痛み、咳、鼻水といった症状になりやすくなります。起きている時は口を閉じて鼻呼吸をしていると思っても、寝ると口呼吸になっていることも多いのではないでしょうか。園という集団生活の場は、病気にかかりやすい環境です。病気に負けない身体になるためにも、呼吸を見直してみましょう。

■ ■ ■

咀嚼力と噛む機能

　口の空間が狭いと筋肉は緊張しているため、咀嚼筋や顎の周りの筋肉の可動域に制限がかかります。そのため、咀嚼する力が十分発揮できないことになります。咀嚼する力を強くするためには固い物を噛む経験が必要と考えがちですが、噛む機能を高めなければ、噛むことはできません。反対に、丸飲みしたり、咀嚼しきれずに残ったものを吐き出したりすることになり、逆効果です。筋肉をゆるめることで、本来の可動域になり、自然と噛める機能が高まります。噛めない場合、噛もうとしても噛めないことを知っておいてください。

　同時に、筋肉が緊張することで唾液の分泌も少なくなります。唾液が少ないと、飲み込むことに影響します。ふっくらと張りのある筋肉で口の空間が保たれることで、しっかり咀嚼し、唾液の分泌を促し、消化や吸収がよくなります。

　また、口腔内や舌に食べ物が触れる感覚や味覚も、筋肉が緊張していると変わります。心地よくない場合は、「食べたくない」につながり、食べ物の幅を狭める可能性もあるのです。食べることは、身体に栄養を送る役目を担います。心地よく食べられる環境を整えたいものです。

▤ 機能と身体の関係

歯の機能

　まずは、口内空間と歯並びについてみていきます。広い口内空間と狭い口内空間では、歯並びに影響が出てきます。狭い空間では生え揃う空間が狭くなるので、必然的に歯並びにも影響が出ます。永久歯が生え始める幼児期に、本来の口の空間に整えることが大切です。

　その他、吸う、吐く、うがいをする、唇や舌を使った動かし方、それに伴う言葉の発音など、本来の口の空間で発揮できる機能があります。筋肉の緊張により口や唇、舌なども可動域に制限がかかり、うまく機能していないことも多いです。

　これらはすべて、顎から、口、手足の母指球の連動によって育つ機能です。部分的にアプローチするよりも、全身運動でいろいろな動きを獲得するほうが、口腔機能の向上につながります。歯医者のなかには、口腔機能を高めるために、乳児期の抱っこや食事の際、足を床につけて食べるように指導している医師もいます。

　抱っこの仕方で身体に緊張を作ってしまうと、口腔が緊張し、咀嚼力、歯並び、虫歯などに影響が出ます。また、食事の時に足を床につけることは、足の母指球を床につけるということになります。足の母指球から顎に連動されるので、手の母指球を使って箸や茶碗を持って食べる時の力や、口の咀嚼力が発揮されやすくなる意味があります。

■ ■ ■

体内の機能

　次に、身体空間と体内の機能について
みていきます。

　口と身体空間は比例しているので、筋

肉が緊張していると口から入ってきた菌の影響を直接受け、臓器は機能低下を起こします。

　腸や胃は、筋肉の緊張があると不調になりやすい場所です。便秘や下痢になったり、胃痛、消化不良などを起こしたりします。また、じんましんが出るのも、内臓の機能低下によるものです。

　特に女性は強いストレスを感じると膀胱炎になることがあります。これも、筋肉の緊張を直接受けている機能低下によるものです。

　また、筋肉は、身体をめぐる、水や酸素、栄養素を循環させるポンプの働きをし、不要となった老廃物も排出します。循環して排泄する身体を、ふっくらと張りのある筋肉が叶えてくれるのです。

　ふっくらと張りのある筋肉は、筒状の空間を作ってくれると同時に、臓器の働きを活発にし、水や酸素、栄養素のめぐりをよくし、熱を発生させます。低体温症や女性に多くみられる冷えや、生理痛の改善も期待できるでしょう。

　第2章第1節から第3節では、3つの視点で、幼児期に身につけたい力を発揮できる心地よい身体についてお伝えしました。筋肉が緊張することによる利点はほとんどありません。ふっくらと張りのある筋肉を、毎日の遊びやかかわりで楽しみながら、習慣として身につけてもらいたいと思っています。

　幼児期からアプローチすることで、身体の土台ができます。学童期から大人になっても、その力は発揮されます。

　子どもが育っていく未来に、どんなことを想像しますか？　私は、心地よく動ける身体があれば、何でもできそうな気がします。

04 1歳児にできることと身体観察のポイント

≡ 靴選びの大切さ

　歩けるようになった1歳児は、いろいろな場所に行くことができるようになるので、探索活動を楽しむ時期です。自然に触れながら戸外遊びを楽しむようになり、世界が広がります。

　ですから、日常に歩くことをたくさん取り入れていきたいものです。この時、育った母指球を効果的に使うためにも、靴選びは大切にしたいものです。ぴったりと足に合ったサイズを履かせてあげましょう。すぐに大きくなるからと、大きめの靴を履かせると、母指球を使った動作ができにくくなり、しゃがんだり歩いたりする妨げになります。母指球が十分に使えないことで、筋肉の緊張につながり、足の疲労になります。そのため、「歩くの嫌〜！」「抱っこがいい！」という訴えが多くなることも予想されます。

≡ しゃがむ動作

　探索活動と同じくらいたくさん経験したいことに、しゃがむ動作があります。歩き始めてしばらくすると、母指球が育つことで、しゃがんで遊ぶ姿がみられるようになります。

・しゃがんでかごに物を入れたり出したりする。

・しゃがんでおもちゃの車を動かす。

・園庭で見つけた虫をしゃがんで見る。

・砂場でしゃがんで遊ぶ。

　これは、自分の身体を支えながら、右手と左手を動かすことができるようになった証拠です。さらに、しゃがんだ姿勢で移動できるようになります。しゃがんで移動しながら物を動かすようになります。

　この動作ができるようになると、ジャンプをした際、両足で着地できるようになり、アクションを起こした時も安定感が出てきます。安定感や柔軟な身体と結びつき、身体の空間が筒状で筋肉の状態もよいことになります。

　大地にしっかり母指球をつけてしゃがむことは、足の母指球を床につけて力を発揮して食べることと同じです。足の母指球から顎まで連動するので、手の機能が高まり、しゃがみながらいろいろな物を操作して遊べるようになります。

　上から握っていたスプーンやフォークを下から持って食べようとしたり、皿に手を添えて食べたりするなども、しゃがむことが多くなるとみられる姿です。

≣ 排尿としゃがむ動作

　しゃがんだ姿勢で思い出すのは和式トイレです。足の母指球を使って自分の身体を支えることは、排泄するための準備ができた証ではないかと考えます。しゃがむ姿勢は、排尿に必要な筋肉をゆるめる動作です。排尿しない時は、排尿に必要な筋肉がせき止めている状態です。排尿時はその筋肉をゆるめているのです。

　排尿時、私たちは少し力を入れて踏ん張ります。しゃがむ姿勢は、その感覚をつかみやすいといえます。園のトイレでも発達に合わせて、洋式でも足が床につくようになっています。それは、足の母指球をつける姿勢が排尿の機能を高めるからです。家庭でトイレトレーニングをしてもなかなかうまくいかないのは、家庭のトイレは基本大人用で、子どもの足がつかない環境が多いからかもしれません。

　この時期は、保育者がタイミングを見ながらトイレに誘う時期です。トイレでの排尿が成功しない場合は、しゃがむ動作を観察してみてください。

　しゃがんで遊ぶ姿は、夢中になって遊んでいる証です。生活に必要な身体の動かし方、手の操作を育てる時間です。しゃがむ動作ができない場合は、ずり這い、ハイハイの経験不足によるものが多く、遊びのなかで同じ動きを多く取り入れることが必要です。リズム遊びやハイハイでトンネルくぐり、手をついた階段の上り下りなど、乳児の発達のプロセスの動きが楽しめる全身運動を経験しましょう。

　歩き出したら、次はしゃがむ動作です。しゃがむことで安定感、バランス感覚、手の機能が育ちます。

1歳でできるようになること

■ おもちゃについたひもを引っ張って歩く。

■ 手をついて階段を上り下りする。

■ ボールを座って転がす。下から投げようとする。両手で受け取ることを覚える。

■ 転ばずに歩く。小走りができるようになる。

■ 両足でジャンプする。

■ 鉄棒にぶら下がる。

■ 音楽に合わせて、大人の動作をまねて遊ぶ。

■ 手遊びをする。

■ 粘土を触り、引っ張ったり、押したりする。

■ クレヨンで縦線、横線が描ける。グルグル円を描く。

■ 積み木を積む。

■ シールをはがす。貼ろうとする。

■ スプーンやフォークを使って自分で食べる。手を皿に添えて食べる。

■ 靴下、靴を自分で脱ごうとする。

■ 手を洗おうとする。

■ 衣類の着脱を自分でしようとする。

※個人差が大きいため、あくまでも目安です。

05 2歳児にできることと身体観察のポイント

見る力や聞く力を高めながら身体を動かす

　2歳児になると、歩いたり走ったりすることが安定して行えるようになります。また、しゃがむ動作に始まり、ジャンプ、片足立ちなどもできるようになり、安定感が持続します。

　見たことを自分の動作として獲得し、音の変化に対応できるようになります。音楽に合わせて身体を動かすリズム遊びでは、正しい身体の動かし方を楽しむ時間を定期的に設けましょう。自分で意識して身体を操作することができるので、見る力や聞く力を高めながら身体を動かすことができます。

・あお向けになって魚や三輪車をこぐ表現（乳児のあお向けの時の動き）

・どんぐりになってコロコロ転がる表現（乳児の寝返りの動き）

・ワニになって前進する表現（乳児のずり這いの動き）

・カメになって歩く表現（乳児のハイハイの動き）

・馬になって歩く表現（乳児の高這いの動き）

・歩く、走る、止まる（ゆっくり、速くなど音に合わせた動き）

・アヒルになって歩く表現（しゃがんで歩く動き）

・ウサギになって跳ねる表現（両足ジャンプの動き）

・トンボになって片足立ちで止まる表現（両手を広げて走る、片足立ちの動き）

　歩く動きまでは、乳児の時に獲得してきた動きです。立つまでの床で

の動きは、これらができていれば、正しく顎^{エラ}から腕や脚を動かすことができているという目安になる動きです。

　乳児期に一度経験してきたことなので、まねしやすい動きです。経験できていない動きがある場合、上手にまねできるこの時期にしっかり取り入れて経験しておきましょう。それが、姿勢のよい身体、しっかり動ける身体、病気に負けない身体を習慣的に作る方法です。

▤ 食具の持ち方

　2歳児は、ままごとで大人のしていることをまねて遊び始めます。自分がしてもらったことを人形や道具を使って再現したり、大人がみせる姿が動作になったりします。

　リズム遊びで獲得した全身運動と、生活で身の回りのことを自分で行うことは関係があります。全身運動が獲得できることで、手の機能が高まり、生活面の動作に反映されます。

　手の機能が育った子どもは、スプーン、フォークから箸へ移行します。目安は、下手持ちが持続できるようになること、茶碗を持って食べられるようになることです。

　1歳児の「しゃがむ」動作から、しゃがんで移動して遊ぶようになります。手の母指球も力がつき、箸を持って食べる手の機能が発達します。

　この時、下からスプーンや箸、茶碗、皿を持つ動作を見ると、脇が身体に対して閉じた状態になります。足の母指球が育ちきれていないと、脇が開いて脚も開いている状態になり、スプーンや箸を上から持つようになってしまいます。

脇や脚が閉じる状態は、ハイハイで脇や脚を閉じて前進する経験によるものです。脇や脚が開く場合は、うつ伏せやずり這いの体勢のまま立って行動していることに近く、ハイハイを経験していない子どもに多くみられます。

脇や脚が開いている場合は、顎から連動できていない状態です。箸がうまく持てないだけでなく、茶碗や皿の持ち方が上からになることが多くなります。

脇が開いた持ち方が習慣的になると、身体の使い方も、常に脇が開き、足の母指球が床につかずに膝が開き、前かがみの状態になります。食事の姿勢が悪くなるだけでなく、日々の動作にも影響します。食事は毎日行うことなので、この動作次第で日々の身体の使い方が変わります。

全身のバランスを必要とする遊びやハサミを使う時も、この身体の使い方が必要です。この時期に習慣として身につけたいポイントです。

2歳でできるようになること

■ 階段を上り下りする。

■ 相手に向かってボールを転がす、投げる、両手で受け取る、蹴る。

■ 両足跳び、グーパー跳びができる。

■ 片足立ちができるようになる。

■ マットの上で横転びができる。

■ 音楽に合わせて歩く、走る、止まる、ゆっくり動く、速く動く などができる。

■ 平均台や高い場所を上ったり下りたり、大人と一緒に楽しむ。

■ 鉄棒にぶら下がる時間が長くなる。

■ 三輪車にまたがり、地面を蹴って進む。

■ ハサミを正しく持ち、一回切りができるようになる。

■ 粘土で、ちぎる、丸めるができるようになる。

■ のりを手につけて、紙に塗り貼りすることを嫌がらない。

■ シールを台紙からはがして貼る。

■ 顔が描けるようになり、次第に頭足人を描く。

■ ままごと遊びが盛んになり、大人の口調、動作などまねて遊ぶ。

■ スプーン、フォークが上手持ちから下手持ちになる。箸を自分 で使おうとする。茶碗や皿を持って食べる。

■ 袖まくりを覚え、自分で手を洗える。

※個人差が大きいため、あくまでも目安です。

06 3歳児にできることと身体観察のポイント

全身を使った遊びを楽しむ

　3歳は基本的な運動機能が身につく時期です。それに伴い、滑り台やぶらんこ等、固定遊具で全身を使って遊ぶようになります。遊具に合わせた身体の使い方を試すことで、いろいろな身体の動かし方を経験し、スピードを伴ったスリルなども体験し始めます。

　この時期に積極的に挑戦するかしないかは、身体の土台の違いだと感じています。特に手のひらを使って遊具を握る行為が多くなります。あまり遊ばないなと感じたら、ハイハイの動きができるかをチェックしてみましょう。手のひらをしっかり使う遊びを取り入れることで、運動を楽しめるようになります。

　全身運動が活発になることで、手の機能も発達します。特に生活面では、自分でできることが増えます。戸外遊びをしっかりと取り入れたいですね。戸外でしっかり全身運動を楽しむためにも、チェックしておきたいポイントをお伝えします。

指先、手のひらを使って遊んでいますか？

　これまでハイハイの経験が不足している場合、手のひらを使う経験が少ないことから、手のひらを使おうとしない動作が多くなります。観察してみると、指先だけ使って遊んでいることが多いです。その場合、握力に影響が出ます。握力は、指先を使うだけでは育ちません。手のひらを使うことで、次第に握る力がついてきます。

指先が使えればいいと考えがちですが、指先も手のひらも使えることが大切です。それが、母指球を使って動作ができていることになります。粘土遊びを見てみると、手の使い方の特徴がみえてきます。まずは道具を使わず、子どもの手の動きを観察し、手のひらで丸めたり、伸ばしたりする行為ができるようにしましょう。この動作が難しい場合は、ハイハイの動きや何かを握って自分の身体を支える遊びを積極的に取り入れましょう。

これらの動作が、ボタンをはめる・外す、衣服の裏返しを戻そうとする、ハサミなどの操作を可能にします。

身体を筒状にして座っていますか？

椅子に座った時や三輪車に乗った時、身体が筒状に保たれていますか。

顎から手足が連動し、母指球をしっかり使って動かすことができていれば、身体は筒状になります。「よい姿勢をとりましょう」と言わなくても、自然とよい姿勢になります。この状態を保つことで、三輪車に乗ると身体が筒状になり、しっかりとペダルをこげるようになります。三輪車に乗れないなと感じたら、座る姿勢をチェックしてみてください。

できないことがある場合、ボタンをはめる、三輪車に乗る等、その動作を繰り返す経験も必要ですが、身体の機能を育てた後で環境を用意すれば、自然にできるようになることも多いです。しようとしない、してもなかなかできないのは、必要とされる機能が育っていないためです。

言葉に関する心配事

2歳くらいまでは、言葉には個人差があるので見守ることも多いと思いますが、3歳になると言葉の遅れは心配事になります。身体の動作のポイントがあるので、参考にしてください。

まず、指差しの有無です。指差しは要求だけではなく、ものを介してコミュニケーションがとれているかどうかが大切です。例えば、子どもが「鳥さんがいるよ！」と言葉ではなく指差しで示したことに、大人が「鳥さんがいるね！」と答え、自分の伝えたいことが伝わったと感じられることです。つまり、指差しを通して、対象となるものが中心にあり、大人の言葉でコミュニケーションがとれるということです。

指差しがない場合、手のひらを使っていないという特徴があります。指差しは、手のひらを床につけるハイハイの経験により、手のひらから脳の言語中枢への刺激となり、言葉のもととなるバイバイや指差しが出てきます。これはずり這いの時にはみられない動作です。

手のひらを使おうとしない子どもが言葉を獲得できていない場合、筋肉の緊張を取り除き、手のひらをしっかり使う経験を多くします。すると、指差しがなかった子どもにも指差しが出るようになります。また、一語文が二語文になったり、喃語が単語になったりすることもあります。

不思議なことに、言葉が出始めた子どもの特徴として、ハイハイの動作や四つん這いの動作をするようになります。あえて手のひらを使う、手をつくということです。また、左右交互に手のひらをつく動作は、脳と身体をバランスよく中心でつなぐ役割もあると考えられます。地面からまっすぐ立つことを考えても、身体の左右のバランスはとても大切です。

言葉が出ない子どもの特徴として、進行方向を向いて走れないことが多いと感じます。中心のバランスがうまくとれないので、転ぶことも多いです。バランスをとるためにも、ハイハイの動きやそれに通じる動きを多く経験させましょう。

3歳でできるようになること

- ■ ボールを下から投げる。
- ■ 三輪車のペダルをこぐ。
- ■ 音楽に合わせて振付を踊ることができる。
- ■ 平均的な高さの台を、一人で渡り、下りることができる。
- ■ 鉄棒にぶら下がることができる。
- ■ ままごとで道具を操作して遊べるようになる。
- ■ ブロックで形を見立てて構成する。
- ■ 粘土を伸ばすことができる。
- ■ ハサミを正しく持ち、短い直線を切る。
- ■ のりを手に取り、紙に伸ばして貼ることができる。
- ■ 折り紙を半分の△や□に折ることができる。
- ■ 閉じた○□が描ける。
- ■ 身体から手足が出るような絵を描く。
- ■ 顔のパーツを理解し、表現できるようになる。
- ■ 簡単な着脱が一人でできる。
- ■ 大きいボタンの掛け外し、スナップ止めができる。
- ■ 衣服の裏返しを戻そうとする。
- ■ 顔を洗う、歯磨き、うがいをする。

※個人差が大きいため、あくまでも目安です。

07 4歳児にできることと身体観察のポイント

運動機能と表現力の融合

4歳は周りの行動に気づく時期です。今まで自信をもって「僕の絵見て！」と言っていたのが「〇〇ちゃんのほうが上手！」と比較するようになります。時には自信をなくして、みんなと一緒にお絵描きはしたくないといった姿を見せるようになります。周りの状況に気づくことで、心の揺れ動きが大きくなり、不安をもちやすい時期です。

この時期は、心で考えたことが筋肉の状態に現れやすくなります。筋肉は思考とつながっています。頭で考えたり不安な気持ちが、筋肉の緊張につながりやすくなるのです。

また、できるできないを客観的にとらえるようになるので、失敗してもいいと伝えてください。言葉で伝えることも大切ですが、子どものありのままの姿を受け止め、保育者も子どもの前で失敗をたくさん見せましょう。子どもたち一人ひとりの力がしっかり発揮できるよう、身体面も精神面もサポートが必要です。

4歳は、運動機能が伸びる時期です。体力もついてくるようになり、食事の量も増えます。身の回りのことも一通り行うようになります。

「僕も〇〇ちゃんみたいに挑戦してみよう！」と周りに気づくことで、新たに挑戦することも増えてきます。5歳児に比べると身体も身軽で、鉄棒で逆上がりに挑戦すると、できることもあります。鉄棒に群がって「僕も私も！」と挑戦する姿がほほえましいです。また、運動遊びが加速する時期です。意欲を最大限に引き出すためにも、しっかりと動ける身体でさまざまな遊びを楽しみましょう。

身体を動かす時間を多く設ける

　大切にしたいポイントは、身体を動かす時間を多くもつことです。子どもは固定されたもので繰り返し遊ぶよりも、好きに動き回って遊ぶほうが身体能力が高まるといわれます。

　この時期、友だちとルールを作って遊び始めます。追いかける、追いかけられる単純な鬼ごっこは、よく楽しむ遊びの一つです。大人がジャッジしないルールのもとで、時には喧嘩をしながら、子ども同士でお互いの姿を認め合いながら身体を動かして遊んでほしいですね。

　そのためにも、ふっくらとした張りのある筋肉で、よく動ける身体になるよう、遊びながらアプローチしていきます。がんばって動かすのではなく、「身体が動くから、遊ぶことが楽しい」ことを実感させます。また、ふっくらとした張りのある筋肉があれば、身体が筒状になり、体内の空間が保たれます。気持ちのよい呼吸ができることで、気持ちよく動くことができ、体力も増進します。

表現力を伸ばす

　4歳になると、言葉による表現力が身につきます。家庭であった出来事もいろいろと教えてくれるようになります。絵本も、絵を見ることから文字に興味を示し、音読する姿がみられるようになります。記憶力も増し、よく読んでいる絵本の読み間違えを指摘することもあります。歌も単純な繰り返しの歌から、複雑な歌詞が歌えるようになります。

　表現力が増す4歳児。歌や言葉、音楽に合わせて、手や身体を使った遊びをたくさん楽しみましょう。

　歌は、心にも身体にもよい影響を与えます。歌う前に身体を整える遊びを楽しむことで、歌う力がより発揮されます。呼吸も伴うので、筒状の身体で歌を歌うとお腹からしっかりと声が出て、響きもよくなります。

　手遊びも、この時期に楽しみたい遊びの一つです。身体を中心に、左右交互に手を動かしたり、交差させたり、時には友だちと手のひらを合わせたりします。身体を中心としたさまざまな動きは、脳の発達にもよいとされています。身体を整え、身体機能を高める簡単な手遊びを本書では紹介しています。生活や遊びの節目のちょっとした時間を使い、いろいろな手遊びや触れ合い遊びを楽しみましょう。

　体操やダンスでは、テンポの速い曲を踊るようになります。安定感があり柔軟な身体に整えて、曲に合わせてさまざまな動きを楽しみましょう。

4歳でできるようになること

■ 速く思いきり走れるようになる。

■ スキップができる。

■ ボールを下から前方向に投げる。肩から片手で投げる。

■ ケンパー跳びができる。

■ マットの上で前転ができる。

■ 音楽に合わせて、さまざまな身体表現ができる。

■ 平均台などの高さのある台を一人でスムーズに歩くことができる。

■ 鉄棒で、両足で鉄棒を挟んでぶら下がることができる。前回りができる。逆上がりに挑戦しようとする。

■ 体操やダンスなどがまねできる。

■ ハサミを正しく持ち、意識して丸を切ることができる。

■ のりやセロテープを使うことができる。

■ 折り紙が折れる。

■ コマ結びができる。

■ 閉じた○△□が描ける。

■ 全体を意識した人間が描ける。

■ 家や車など具体的な物が描ける。

■ ハンカチをたたんでポケットにしまうことができる。

■ 靴下、靴をスムーズに履くことができる。

※個人差が大きいため、あくまでも目安です。

08 5歳児にできることと 身体観察のポイント

身体の土台づくりがあるからこその 動き

　物事を理解し、なぜそうするか、どのようにしたらいいのかなど、考えたり、計画したり、形にすることができるようになります。子どもが主体性をもって生活し、遊ぶようになります。

　単に遊ぶだけでなく、ルールのある遊びがとても楽しいと感じる時期です。ドッジボールやリレーなど、スピード感も出て、勝敗のある遊びを多く楽しむようになります。瞬発力や視覚から入る情報をとっさに判断して動く力もついてきます。勝敗のある遊びをすると、負けて悔し涙を流すのも、楽しめるようになったからこその成長です。「今日は負けたけど、明日は勝つよ！」と、心も大きく成長します。また、バランスが必要な縄跳びや自転車などにも繰り返し挑戦するようになります。道具を用いながら身体を動かし操作することで、できるようになります。

　これらの全身運動を楽しむなかで、細やかな手の操作も経験することで、できるようになっていきます。集中力を要することに対しても、根気強く挑戦します。

・ぞうきんを絞る。
・ひもを結ぶ。
・包丁を使って切る。
・いろいろな道具の用途がわかり正
　しく扱えるようになる。
・複雑な折り紙を折る。
・あやとりをする。

あお向けで過ごしていた乳児が、5歳になると、このような力を発揮するようになります。乳幼児期から自分自身で身体を動かして身体を育ててきたという証です。

　4歳児、5歳児では、身体の土台があることで、繰り返し経験することにより「できるようになる！」ことばかりです。生活や遊びのなかで難しいことがある場合は、どのような動きが必要なのか、どの機能が十分でないのか、確認しましょう。

日本特有の生活様式に学ぶ

　5歳では、幼児期に力を発揮できる3つの視点（姿勢がよい身体、しっかりと動ける身体、病気に負けない身体）を意識しましょう。

　習慣とは身体を心地よく整えて繰り返し使うことです。かつての日本には、身体によい習慣が身につく環境や文化がありました。例えば、履き物は、靴下や靴ではなく足袋や草履でした。これらは、母指球をしっかり使い、身体を正しく動かす手助けになる履き物です。

　服は着物でした。着物自体が筒状の形をしているので、身体をひねることが難しく、筒状で身体を動かせるようにできていました。そうすると、自然と顎から腕や脚を動かすようになります。着物を着た時にするたすきがけや、手ぬぐいをふっくらと頭に被せるほおかむりは、重力に負けないように顎から動かすことを手助けするアイテムです。

　生活様式も、椅子がない床生活になり、しゃがむ姿勢が自然と多くなります。和式トイレは、しゃがまないと使えません。掃除は、しゃがむ、ハイハイや高這いの格好で行います。ずり這いの腕の動きも使うので、身体全体を使った動きになります。

　食べる時は正座をするので、座る姿勢が筒状になり、食べるための機能が整いやすくなります。そのため、手も機能的になり、茶碗を持って箸を使うことが身につきやすい状態でした。

　習字や茶道などの習い事も正座で行い、正座をすることで手の機能が発揮され、筆を使い文字を書いたり、茶道に必要なきれいな所作が可能になったりします。

　日本は、いろいろな場面で物に手を添える動作を行います。正しく身体を動かすことができている人を見かけると、所作がきれいだと感じますね。

　日本の武道、田畑の耕し方、盆踊りなど、かつて日本人が行っていた動きには無駄がありません。日本人は身体が小さいのに身体能力が高いともいわれていました。今は西洋化され、便利なものに囲まれ、自然と経験していたことができなくなっています。

　残っているのが、食事の際に茶碗を持って箸を持つという文化です。下から茶碗を持ち、箸で食べるという動作は、手から足の母指球に連動し、身体が安定します。反対に、ナイフとフォークを持って食事をする場合、身体の安定感は変わります。食事は回数が多い行為なので、食事を見直すだけでもよい習慣が身につきます。

　発達や身体の動きは、大人が手取り足取りして身につくものではありません。乳児や幼児が自分の身体を動かすことで、積み上がっていくものです。ですから、しっかり動ける身体になる機会と環境を用意しましょう。

　本書では身体を機能させる動きを繰り返し楽しむことで、習慣にすることを目的としています。その部分を押さえておくことで、子どもは自らもつ力を十分発揮できると感じます。また、日々のちょっとした時間で繰り返し楽しむことで、習慣化できることを目的としています。たまに楽しむ遊びよりも、習慣とすることで、身体の動かし方や使い方が身につき、生活や遊びを豊かなものにしてくれます。季節の歌や手遊びと同じように取り入れてみましょう。

5歳でできるようになること

- 転がってくるボールを蹴って、的当て、ドリブルができる。
- 玉入れ、お手玉ができる。
- ジグザグ走りができる。
- 垂直跳び、幅跳びができるようになる。
- 姿勢を一定時間維持することができる。
- 固定遊具で遊べる。
- 二輪車や一輪車に乗れる。
- 鉄棒で足抜き、逆上がりができる。
- 音楽に合わせて、ダイナミックに身体表現ができる。
- マットの上で後転ができる。
- ブロックを自由に構成して組み立てることができる。
- ハサミで直線、曲線が切れる。
- ホッチキス、穴あけパンチ、のりなど、正しく使うことができる。
- ひもを結んだり解いたりすることができる。
- 人、物、風景などいろいろな描画表現ができる。
- 箸を使いこなし、食事ができる。
- ほうきを使ってはくことができる。
- ぞうきんを絞って拭くことができる。

※個人差が大きいため、あくまでも目安です。

第3章

身体の土台を作る運動遊び100

ふっくらと張りのある
筋肉の作り方

筋肉は、やさしく触れると柔らかくなる

　いろいろな遊びを紹介する前に、身体の筋肉について触れておきます。筋肉は、やさしく触れるとふっくらと柔らかくなる性質をもっています。逆に、押すと筋肉は押し返そうとし、揉むと揉み返そうとし、引っ張ると引っ張り返そうとするので硬くなり、緊張につながります。

　わかりやすいのが洗顔です。顔を洗う時、やさしく泡で包むように洗うと、肌に弾力が出ます。これはやさしく触れることで筋肉がゆるみ、ふっくらと張りが出るためです。反対に、ゴシゴシと力を入れて洗うと、摩擦で筋肉が硬くなり逆効果です。顔にやさしく触れただけで身体は筒状になり、母指球がしっかり使えるバランスのとれた身体になります。

　加えて、なるべくやさしく触れることが大切です。日常でよく使う撫でる、さするは、圧が強く、筋肉はふっくらとしません。やさしく洗顔することやティッシュがフワッと顔に当たる感じと表現すると伝わりやすいでしょう。できるだけやさしく触ることがポイントです。

　発達が気になる子どもほど、身体の動きを応援したいと、必要以上の圧で触りスキンシップをとっている保育者も多いのではないでしょうか。子どもとのかかわりのなかでは、常にやさしく触れることを心がけてください。それだけでも筋肉がゆるみ、母指球がしっかり使える身体

に変わります。今まで、筋肉をやさしく触れてゆるめるという考えがなかったため、筋肉が緊張したままだったということもあります。筋肉がゆるむと活発に動き始めることもあるので、押さえておきましょう。

動ける身体にする

　身体は、動かすことで育ちます。鍛えるのではなく、よい状態の筋肉にすることで動ける身体になり、繰り返し使うことで育つのです。アスリートの世界でも、筋肉をゆるめて動ける身体にするという人が増えています。そのほうが効果は早く、負担感が少ないので、持続し習慣化します。

　特に小さい頃は、身体を動かして遊んだり試したりすることから、できることが増えます。動ける身体で夢中で遊んだり、繰り返し試したりすることで、できるようになるのが自然です。

　筋肉をゆるめるために、押さない、揉まない、引っ張らないことが必要です。走る前にストレッチをしている人がいたら、本書で紹介する遊びに変えてください。走るフォームが変わると思います。

　筋肉の緊張は、乳幼児の発達においてあまりよいものではありません。発達の妨げになったり、時には生き苦しさを感じたりします。感覚統合で紹介した五感は、筋肉の緊張で過敏になっていることもあります。その緊張を和らげるだけでも、過敏さの減少につながります。筋肉の緊張で、本来もっている力が発揮できないとすれば、もったいないですね。

　初めての園生活で不安な様子を見せていた子どもたちが園に慣れたと感じたら、緊張していた筋肉がゆるんでリラックスしている状態です。子どもが夢中で活き活き遊ぶ姿も、筋肉がゆるんでいる状態です。

　大人も筋肉が緊張していると、いつもの力を発揮できなくなります。子どもたち自身がもつ力を十分に発揮できる遊びを通して、応援していきましょう！

01 パピプペポッポの山登り

パピプペポッポの山登り

Composer

♩=120

○ ○ちゃんの　おやまに　のぼります　　パ　ピ　プ　ペ

ポ　ッ　ポ　と　の　ぼ　り　ま　す　　　パッパッパッ　ピッピッピッ

プップップッ　　ペッペッペッ　　ポッポッポッポッポッポッポッ　いないいない　ばぁ〜!

用意するもの　布マット

遊びの手順
① 子どもをあお向けに寝かせます。

② 子どもの目を見て、歌に合わせて矢印の方向に身体全体にやさしく触れます。低緊張の乳児には、足の指をやさしく触ってあげましょう。

※この曲に限らず、乳児が喜ぶなじみの歌でもかまいません。名前を呼びながらやさしく触れてあげるだけでもいいです。

※低緊張の乳児には「パッパッパッ」〜「ペッペッペッ」を足の指を回す動きに置きかえると効果的です。左右の足の指を交互に触りましょう。

○○ちゃんのお山に

登ります

パピプペポッポと

登ります

パッパッパッ

ピッピッピッ

プップップッ

ペッペッペッ

※低緊張の乳児は
足の指を回す。

ポッポッポッポ
ポッポッポッポ

いないいない

ばぁ〜！

**指導の
ポイント**

　　圧がかかると筋肉は緊張し、逆効果です。指で
フワッと撫でるように触れてください。筋肉がゆ
るむと、乳児はゆるんだ感覚がわかり心地よさを
感じ、泣き止むこともあります。この触れ合い遊
びだけでも、母指球をしっかり使うことが可能になり、できなかっ
た寝返りができるようになることもあります。低緊張の乳児は顎か
ら手足へと連動をとるため、指にやさしく触れると効果的です。毎
日のオムツ替えなどの時の習慣にするといいでしょう。

77

02 ふんわりサワサワ

用意するもの 布マット、天然毛のブラシ（化粧用ブラシの使用も可）

遊びの手順
① 子どもをあお向けに寝かせます。
② ブラシ（天然毛）を使って子どもの身体を撫でます。

身体の前側をやさしく撫でてね！

ブラシを10秒くらいやさしく当ててね！

※「01 パピプペポッポの山登り」のブラシバージョンです。歌いながら行っても撫でるだけでも、どちらでもできます。低緊張の乳児には右のイラストのようにブラシを当てると効果的です。

指導のポイント

ブラシの柔らかい毛のやさしい圧が筋肉をゆるめます。手元にある化粧ブラシでもできます。その際、化学繊維ではなく自然のものを使用してください。裸にならなくても服の上からできます。ミルクを飲む力が弱い場合、口の下、顎（エラ）にやさしくブラシを当ててみてください。顎から口に連動し、哺乳力が増します。

03 そ〜っとそ〜っと

用意するもの	布マット
遊びの手順	① 子どもをあお向けに寝かせます。
	② 保育者は、歌いながら自分の胸の中心にやさしく手を置きます。
	③ 子どもの胸の中心に、同じように手を置きます。

♪そ〜っとそ〜っと手をおいて
そ〜っとそ〜っと 触りましょう♪

やさしく手を当てて
しばらく触れておきます。

指導のポイント

身体の中心に手を触れると筋肉がゆるみ、保育者も子どもも身体が筒状になります。手を当てることで心身ともによい状態で子どもに触れることができます。親子の触れ合い遊びに取り入れると、保護者の身体の支援もできるでしょう。寝転がって胸に手を当てると、筋肉がゆるみ、身体が筒状になることでスッキリします。

04 ニギニギ いないいないば〜！

> **用意するもの** 布マット
>
> **遊びの手順**
> 1. 子どもをあお向けに寝かせます。
> 2. 子どもの目を見ながら、保育者の親指を手のひらに持っていきます。
> 3. 把握反射でニギニギを促し、「いないいないば〜！」をします。

ニギニギした手で
子どもの顔を隠します。

子どもの手の可動域に合わせて
「ば〜！」とニギニギした
手を広げます。

指導のポイント

　遊ぶ時は、子どもの手の可動域に注意しましょう。ギュッと腕を引っ張ると逆効果です。この時、手のひらに親指を当てても握ろうとしなかったり、握る力が弱いと感じたりしたら、基本のタッチ、触れ合い遊びの足バージョンをして再度楽しんでみましょう。

05 ニギニギ体操

ちょちちょちあわわ

わらべうた

ちょち ちょち　あ わ わ　　かい ぐり かい ぐり　とっ と の め

おつ む て ん て ん　ひ じ ぽ ん ぽん

用意するもの	布マット

遊びの手順

❶ 子どもをあお向けに寝かせます。

❷ 「ちょちちょちあわわ」のわらべうたの手の動きを
まねます。子どもの目を見て、手のひらに親指を
持っていき、把握反射でニギニギを促します。

**指導の
ポイント**

　子どもがとても喜ぶわらべうた遊びを、手の持
ち方を変えて楽しみ、反射運動を促します。
　筋肉が緊張しないように、可動域に注意しま
しょう。子どもの握る力を引き出しながら、動か
すようにしましょう。左右対称の動きや交互の動き、手を合わせる、
クロスさせるなど、脳の発達によい動きになります。
　まずは保育者が楽しんでいるところを見せてあげるといいでしょ
う。「あわわ」のところは音の響きや動きが面白く、次第にまねる
ようになります。

① ちょち ちょち

子どもの手をとって2回拍手する。

② あわわ

手のひらで口元を軽く3回たたく。

③ かいぐり かいぐり

グーにした手を上下にくぐらせて回す。

④ とっとのめ

両手で目元を軽く3回たたく。

⑤ おつむてんてん

両手のひらで頭を軽く3回たたく。

⑥ ひじぽんぽん

片方の肘を曲げ、1回たたく。これを手を入れかえ繰り返す。

子どもをあお向けにしてニギニギさせこの動作を楽しみます。

バリエーション お座りができるようになったら、保育者の膝に座らせ人差し指にニギニギを促し楽しみましょう。

06 見〜つけた！

用意するもの	布マット、ぬいぐるみ

遊びの手順

① 子どもをあお向けに寝かせます。

② 子どもにぬいぐるみを見せます。見ていることが確認できたら、少しずつ横に移動させます。子どもがぬいぐるみを目で追っていることを確認しながら、左右に移動させます。

指導のポイント

　　子どもの首がすわっていない時期の遊びです。最初は、子どもが気づくように、「こっちだよ〜！」と声を出して楽しみましょう。なかに鈴の入ったぬいぐるみや、振って音が出るおもちゃも有効です。

乳児は視力がまだ弱いので、追視できるようゆっくり移動させます。慣れてきたら、ぬいぐるみの顔を手で隠して「いないいないば〜！」を楽しむのもお勧めです。見る力が強くなり目と一緒に頭を動かすようになるので、首のすわりや寝返りに必要な反射運動も同時に身につきます。

07 ニギニギリンリン

用意するもの	布マット、音の出るおもちゃ
遊びの手順	① 子どもをあお向けに寝かせます。
	② 音の出るおもちゃを乳児の手に当て、反射でニギニギさせて音が鳴るのを楽しみます。

指導のポイント

　ニギニギの反射を促すとともに、握って手を動かすと音が出るので、音のほうを見ようと頭を傾けるようになります。音に反応して手をよく動かすことで、全身を活発に動かして遊ぶことができます。左右どちらにも持たせてあげましょう。

　握ろうとしない場合は、「01 パピプペポッポの山登り」の足バージョンを楽しみましょう。顎（エラ）から手への連動がとれ、把握反射が促され、握る力がついてきます。

84

08 ニギニギば〜！

用意するもの 布マット

遊びの手順
① 布マットか保育者の膝の上に、子どもをあお向けに寝かせます。
② 子どもの腕を包み込むように持ち、保育者の親指をニギニギさせ、「ば〜！」でゆっくり起こします。

指導のポイント

この動きは健診の時、首のすわりを確認するために使われます。

子どもの把握反射、起き上がろうとする反射を利用して、ゆっくり行います。しっかり目を見て、安心感を与えながら行いましょう。

ニギニギさせる時は、やさしく包み込むように持つと安定します。

お座りができるようになったら、オムツ替えが終わった合図として、この方法で起こしてあげると、握ろうとする力が促されます。起き上がった時「可愛い〜ね〜！」「大好き！」などと声をかけてあげるのもいいですね。

09 足ツンツン

用意するもの	布マット
遊びの手順	① 子どもをあお向けに寝かせます。
	② 子どもの足首を持ち、足の裏をツンツンとやさしく押します。左右交互に行います。

足ツンツン

バリエーション 指を1本から2本に増やしてツンツンすると、違った感覚を味わうことができます。

指導の ポイント

　　　足の裏を触る時、「足ツンツン」と言葉を添えると喜びます。触るたびに反射で足の指が動きます。強い圧は逆効果です。

　　　筋肉の緊張が強い場合、とても嫌がることがあります。嫌がったら止めて、身体全体をやさしく触る遊びに変えましょう。次第に喜んで反応してくれるようになります。

　反対に、反応のない場合もあります。その時は、基本のタッチの足の指を触るバージョンを楽しみましょう。反射が弱いことが予想され、指に触ることで、足から顎への連動がとれるようになります。

10 いないいないば～！

用意するもの	布マット、ハンカチ
遊びの手順	① 子どもをあお向けに寝かせます。 ② 「いないいない」で子どもの顔をハンカチで隠し、「ば～！」でとります。

いないいないば～！

キャキャキャ

指導のポイント

　最初は手で行い、バリエーションとしてハンカチを使うのがいいでしょう。ハンカチをひらひらさせ、興味をもたせてから始めましょう。慣れてきたら、隠す時間を長くして変化をつけるとより楽しめます。「ば～！」で子どもは身体全体を動かして笑います。

　ハンカチがゆれることで動くものに触ろうとし、手の動きを促します。保育者の表情の変化も楽しめます。

87

11 コロンコロン

用意するもの 布マット

遊びの手順
① 子どもをあお向けに寝かせます。
② 子どもを両手で包み込み「コロンコロン」の声に
合わせて左右に揺らします。

**指導の
ポイント**

　　筒状のものがコロンコロンと揺れているイメージで、子どもの身体を両手で包み込む感じで行いましょう。ふっくらと張りのある筋肉だと、身体が筒状でコロンコロンとしやすくなります。筋肉に緊張があり、一定の張りがないと、この動作がしにくいので、筋肉の状態をみる目安になります。その場合は、「01 パピプペポッポの山登り」「03 そ〜っとそ〜っと」を楽しんでから行いましょう。
　　このように、保育者がかかわる子どもの動作も、子どもの筋肉の状態で力の発揮できる姿が変わります。いろいろな反射を総合的に味わえる遊びです。

12 お散歩パペット

用意するもの 布マット、ぬいぐるみ、パペット

遊びの手順
① 子どもをあお向けに寝かせます。
② 子どもの視野にぬいぐるみやパペットを入れ「お散歩行くよ〜！」と言いながら、横に移動させます。歌を歌いながら動かすと喜びます。バランスよく左右行いましょう。

指導のポイント

　首がすわることで頭が動かせるようになり、目で見たものを追えるようになります。まだ視力は弱いので、「見えているかな」と確認しながら行いましょう。頭が動くことで反射運動が起こり、全身運動となり、寝返りを促します。基本のタッチや「03 そ〜っとそ〜っと」を楽しんでから行うと、より動かしやすくなります。
　向き癖がある場合は、いつもとは反対の方向を多くしてみましょう。

13 ブランコ揺れて

用意するもの 毛布やバスタオル

遊びの手順

① 毛布やバスタオルの上に子どもをあお向けに寝かせます。

② 保育者2人で両端を握り持ち上げ、ゆっくり横に揺らします。

ゆら ゆら ゆらりん

**指導の
ポイント**

　子どもと視線を合わせながら、最初は低い位置から始めて、フワッと上に上がる感覚や揺れる心地よさを味わった後、少し高くしましょう。「ぶらんこ」（童謡）を歌うと、一定のリズムをきざみ、心地よさが増します。

　緊張せず、毛布やバスタオルに安心して身体を委ねられるようにさせることがポイントです。

14 抱っこでゆらゆら

用意するもの 特になし

遊びの手順
① 保育者が両手で子どもの身体を包み込むように抱っこします。
② 包み込んだ身体を左右に揺らします。

バリエーション 座る時は、保育者があぐらをかいた膝の上に、子どもの身体が包み込まれるよう乗せ、保育者のお尻を左右交互に動かして揺らします。

指導のポイント

　抱っこの時に筋肉の緊張を作らないよう、すっぽり丸めるイメージで包み込むように抱っこしましょう。身体がゆるんだ感覚で、ゆらゆらと信頼できる大人に身体を委ねることで、抱っこやおんぶされることが上手になります。リラックスした状態の維持と柔軟性につながります。

15 タッチできた！

<table>
<tr><td>用意するもの</td><td>特になし</td></tr>
<tr><td>遊びの手順</td><td>① 子どもの脇を抱えて足を床につけます。
② 足がついた状態で身体を左右や前後に傾けます。少し足を浮かせてから床につけるなどもします。</td></tr>
</table>

足踏み反射

指導のポイント

　　子どもの足を床につけると、足を突っ張って立とうとしたり、身体を傾けるとまっすぐに戻ろうとしたりする反射があります。時には両足で元気よくジャンプする姿も見せてくれます。「タッチタッチタッチ！」「ジャンプジャンプジャンプ！」など、子どもの足の動きに合わせて、リズムのある声かけをするのも有効です。

　寝返り、ずり這い、ハイハイのプロセスがかかわるので、獲得しておきたい動きです。この遊びで、足を床につける姿がみられないことがあります。その場合は、基本のタッチや「03 そ〜っとそ〜っと」を繰り返し楽しみましょう。発達のプロセスを確認する遊びです。

16 うつ伏せにらめっこ！

用意するもの　布マット

遊びの手順

① 子どもがあお向けから寝返りし、うつ伏せの体勢になったら始めます。

② 保育者が子どもと同じうつ伏せになり、向き合い、目線を一緒にし、にらめっこやいろいろな表情を見せます。保育者が顔を左右にずらしたり、上下に動かしたりすることで、手のひらや腕を使って遊べるようにします。

ばぁ〜！

キャッキャッ！

指導のポイント

　いつも高い位置にいる大人が同じ高さや目線になると、子どもはとても嬉しいと感じます。うつ伏せになった子どもと同じ体勢をとり、いろいろな表情遊びを楽しんでください。保育者の体勢を少し高くすると、子どもは表情を目で追うために、頭を動かすと同時に上半身を手のひらや腕を使って支えようとします。自分の身体を支えたり、元に戻す上下運動がしっかり行えたりします。また母指球も使うので、ずり這いで前に這うための準備に向けた動きが促されます。

17 右に左にコロンコロン

> **用意するもの** 布マット、おもちゃ
>
> **遊びの手順**
> 1 子どもをあお向けに寝かせます。
> 2 子どもを呼んでおもちゃを視野に入れます。寝返って手を伸ばして届く床の上におもちゃを置きます。左右バランスよく寝返りできるよう、交互に行います。

指導のポイント

　寝返りは行動や移動ができることにつながります。おもちゃを見せることで、動く意欲を引き出していきます。寝返ったら必ずおもちゃがとれるように置きましょう。寝返ったからとれたという目的をもって行動したという達成感、満足感が味わえます。

　同じ方向ばかり寝返る子どもには、反対側の方向を多く取り入れてみましょう。この時期に寝返りを多く経験させることが、感覚統合へとつながります。行動範囲が決まってしまうベビーベッドのような空間では、コロコロできません。床でコロコロ動き回れる機会を多くしましょう。

18 園内探検

用意するもの 毛布やバスタオル

遊びの手順
1. 子どもを毛布やバスタオルの上にうつ伏せに寝かせます。
2. 子どもが不安にならないように、笑顔で目線を送ります。子どもをのせた毛布やバスタオルを引っ張り、移動した先で止まり、身体を起こして周りを見られるよう、声をかけていきます。

しゅっぱーつ！

指導のポイント

　　安心できる保育者と一緒に園内を探検しましょう。なるべく低い位置で毛布やバスタオルを引っ張り、見つけたものを見る時は止まって、自分の身体を支えられる体勢がとれるようにします。

うつ伏せを嫌がるようであれば、無理にさせるよりはあお向けになって遊ばせるほうが効果的です。うつ伏せの状態を維持する力がついていないと判断したら、あお向けの遊びをしっかり楽しませましょう。外気に触れられるテラスなど、開放的な雰囲気は気分転換になります。ちょっとした移動に取り入れられる遊びです。

19 前進ニギニギ

用意するもの　棚、おもちゃ（握れるサイズのもの）

遊びの手順
1. 子どもの目線の離れたところに棚を設けて、握ってとり出せるおもちゃを入れておきます。
2. 子どもに関心をもたせ、ずり這いでおもちゃがとりに行けるようにします。
3. おもちゃを握って出したり振ったりして遊びます。

指導のポイント

　ずり這いが始まると、自分の行きたいところに移動できるようになり、行動範囲が広がります。
　子どもの目線で少し離れたところにおもちゃを置き、ずり這いによる移動を促します。握って遊べるおもちゃ、出して遊べるおもちゃを置いておくと、移動とニギニギの反射運動を同時に行うことができます。移動自体がとてもいい運動ですが、つかんで出す動作もとても大切です。いつでも出せる安全なおもちゃを棚に入れておき、片づけても片づけても出してしまうくらい遊ばせてあげましょう。

20 お船はギッチラコ

> **用意するもの** 特になし
>
> **遊びの手順** ① 保育者の膝の上に子どもをあお向けで寝かせます。
>
> ② 手の持ち方に気をつけながら、ゆっくりとしたテンポの歌に合わせて、子どもの腕を持ち、起こしたり戻したりを繰り返します。

ばっこん

指導のポイント

　保育者が引っ張って起こそうとするのではなく、子どものニギニギの把握反射と起き上がろうとする反射を使って、歌に合わせて楽しみます。
　ゆっくりとしたテンポで歌い、子どもの握る力、起き上がろうとする力を引き出します。この反射を多く経験することは、顎(エラ)への連動がとれて、母指球をしっかり使うハイハイの経験を促します。
　オムツ替えの時も保育者が脇を抱えて起こすより、この方法で起こしてあげるほうが子どもの身体も整い、保育者の腰の負担も少なくなります。

21 ニギニギドライブ

用意するもの 特になし

遊びの手順

① 保育者の膝の上に子どもを外向き（内向き）で座らせます。

② 保育者の指をニギニギさせながら、子どもの腕の可動域に合わせて動かしたり揺らしたりして遊びます。

**指導の
ポイント**

　ニギニギで子どもの手を持ち、可動域に注意しながらドライブ遊びを楽しみます。左右に身体を倒したり、揺らしたり、お座りをしながら、いろいろな動きを楽しみます。傾いたり揺れたりすることで、自分でバランスをとろうとする力を引き出していきましょう。

　お座りの姿勢が安定しない場合は、お座りに必要な筋肉が育っていないということです。無理にさせるのではなく、うつ伏せでの遊びや「01 パピプペポッポの山登り」の足バージョン、「03 そ〜っとそ〜っと」などを通して、お座りが安定するようになってから楽しみましょう。

22 じゅうたんに乗ってGO！

用意するもの 毛布やバスタオル

遊びの手順
1. 毛布やバスタオルの上に子どもを乗せます。
2. 進行方向に毛布やバスタオルを引っ張り、移動します。園内の廊下や他のクラスへ園内探検に出かけましょう。

指導のポイント

　筋肉に負担がかからないよう、自分でお座りができるようになってから楽しみましょう。自分でお座りができないと、お座りに必要な筋肉が育ったことにはなりません。自分でお座りができるようになるまで「18 園内探検」のうつ伏せで移動しましょう。

　慣れてきたら、止まったり、揺らしたり、途中下車をして、外気浴などを楽しんでみましょう。大判の毛布やバスタオルで安定してお座りができる子どもであれば、数人で移動することもできます。

23 つかまえた！

用意するもの	おもちゃ
遊びの手順	① 子どもから見える位置におもちゃを置きます。
	② ハイハイで移動し、お座りをしておもちゃを手に持って遊べるようにします。しばらく遊んだら、声をかけ、また離れた場所におもちゃを置き、ハイハイでとりに行くことを繰り返します。

指導のポイント

　　ハイハイが始まったら、しっかりとできるスペースを設ける工夫をしましょう。つかまるところがあると、ハイハイをあまり経験せずに立ち上がるきっかけを作ることになります。まずはハイハイをすることで身体の安定感、柔軟性を育てます。目的の場所までハイハイをする、お座りをして手を使って遊ぶことが総合的に行える遊びです。

　近くにおもちゃがある環境よりも、ハイハイしてとりに行く経験を多くし、ハイハイを促しましょう。ハイハイの時期は手の機能が著しく発達します。後半は指先が使えるようになります。手の機能に合わせて、おもちゃの種類も変えてみましょう。

24 トンネルくぐろう！

用意するもの 段ボールなどで作ったトンネル

遊びの手順 ① トンネルの出口で保育者が名前を呼び「おいで〜！」と声をかけます。

② トンネルをくぐったら「これたね！」と声をかけ、子どもが達成感を味わえるようにしましょう。

これたね！

**指導の
ポイント**

　　トンネルのなかがあまり暗くならないように、段ボールや園にあるものを利用しトンネルを作ります。最初は安心して遊べるよう短いトンネルから始め、次第に長くしましょう。いつも部屋にトンネルがあると、自然にハイハイでくぐるようになります。トンネルの反対側から「いないいないば〜！」「おいで〜！」など声をかけたり、音を鳴らしたり、おもちゃを見せたりして興味をひきます。歩くようになっても、手のひらを使った遊びとして取り入れると身体が整うので、この時期から経験したい遊びです。　🖐

25 山登り

用意するもの	マット、斜面台、手づくりお山、布団など
遊びの手順	① 園にあるものを利用して、斜面を作り登って遊びます。
	② 登れたら「これたね!」と声をかけたり、抱きしめたりして、子どもが達成感を味わえるようにしましょう。

指導のポイント

　　同じハイハイでも角度がつくと、登るのに力を必要とします。ハイハイに慣れてきたら始めましょう。最初は、クッション性のあるもののほうが登りやすいです。板は、斜面が急であると滑りやすいので、ゆるやかにして始めましょう。手足の母指球をしっかり使うことで、身体の安定感が増します。用意した斜面で身体を支える感覚が違ってくるので、よい経験になります。階段を登ったり、お尻から安全に降りたりするきっかけができる遊びになります。✋

26 ボールまてまて

用意するもの	ボール、風船
遊びの手順	❶ 子どもが見ているところでボール（風船）を転がします。
	❷ 転がっているボール（風船）をハイハイで追いかけてつかまえます。

▲ 第3章 身体の土台を作る運動遊び100

指導のポイント

　ボールはコロコロ転がり動きのあるおもちゃなので、目で追い、動きに合わせてハイハイが楽しめます。触ると転がり、また追いかけることを楽しめます。

　お座りで止まったボールをキャッチしたら「ちょうだい」と言葉と身振りで伝え、渡してくれたら「ありがとう」のやりとりをしても楽しいです。小ぶりのボールであれば、投げる姿もみられます。風船は宙に浮くので、違った楽しみ方ができます。慣れてきたら、少し高く投げるなどして、上を見上げたり、方向を変えたりできるようにし、ハイハイを促しましょう。

27 リングをギュッ！

用意するもの	布マット、リング（丸いリレーバトンやホースを丸めて手づくりしてもOK）
遊びの手順	① 子どもをあお向けにします。 ② 「ニギニギしてね！」と伝え「ギュッ！」「引っ張るよ！」などと言い、ゆっくり引っ張ります。ギュッと握ってついてこようとする力を感じながら、少し肩が床から離れるくらいでやめます。左右交互に行いましょう。

指導のポイント

　ハイハイが始まると、自分でものを握ろうとする力が強くなります。リングを握らせ、保育者がリングを引っ張ることで、離れるリングを自分に引き寄せようとしっかり握るようになります。

　すぐリングから手を離してしまう時は「01 パピプペポッポの山登り」の足バージョンをしてから、「20 お船はギッチラコ」などで、握って起き上がる感覚をつかめるようにしましょう。頭や身体が起き上がり、急にリングから手を離すと危険なので、肩が少し上がるくらいにしましょう。

28 飛行機ぶんぶん

用意するもの 特になし

遊びの手順
1 「飛行機が空を飛びます！ 出発！」と言って、子どもをうつ伏せの状態で抱え、前進したり円を描き動いたりします。

2 「着地します！ 3、2、1、ど〜ん！」の声に合わせて、床に向かって頭から下ろし、手をつかせます。また出発して、繰り返し楽しみます。

飛行機ぶんぶん〜！

※手のひらをつこうとしない場合は、
保育者が座った膝の上から始めてみましょう。

**指導の
ポイント**

　ハイハイが始まると手のひらをつけるようになるので、着地した時に、手のひらを床につけるパラシュート反射がみられます。その反射を利用し、飛行機になって遊びます。この反射は、転んだ時にとっさに手をつけるというもので、発達を見る目安にもなります。握力や手の操作にも関係があります。なかなか手を使おうとしない場合は、「01 パピプペポッポの山登り」を楽しんでみてください。また、低い位置から手をつく経験をさせてみましょう。

29 あによべ体操

用意するもの	ペープサート
遊びの手順	① 子どもと向かい合います。
	②「あ～に～よ～べ～！」と、ペープサートを見せながら保育者も同じ表情をします。
バリエーション	・ペープサート（季節に合わせた生き物（カエルなど）、キャラクターなど）
	・牛乳パックの廃材を利用したキューブ型の積み木の面に描く
	・ミニ絵本に描くなど

あ

に

よ

べ

指導の
ポイント

口の機能が向上する表情遊びです。子どもは、「だるまさんのにらめっこ」や、「あっかんべ〜！」が大好きで、必ず保育者の表情を見てまねするようになります。そうした遊びと同じように「あ〜に〜よ〜べ〜」の口の表情で楽しみます。この口の動かし方をすることで、ふっくらと張りのある筋肉となり、咀嚼力、唾液の分泌、鼻呼吸での病気予防、歯並び、深い呼吸など、さまざまな面で身体を整えてくれます。

　最初は「あ〜」と「べ〜」だった表情の子どもも「に〜」や「よ〜」ができるようになってきます。口や舌、唇をしっかり動かせるようになるので、口のなかの本来の空間が保たれ、機能的になり、うがいをしたり、言葉の発声や滑舌などにおいて力が発揮できます。ハイハイの時期はまねができるようになってくるので、０歳児から始められる遊びになります。いろいろな遊びグッズを用意しておくと、普段の遊びのなかで、口を動かして遊ぶようになります。

30 足指クルクル体操

用意するもの	布マット
遊びの手順	① 子どもをあお向けに寝かせます。
	② 足の親指を内側に、他の指は外側にクルクルやさしく回します。回す動きに合わせて「クルクルクル」と言います。両足行いましょう。

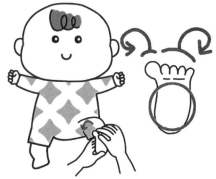

親指は内側に、他の指は外側へ回します。
足裏に触れながら行うと、より効果的です。

指導のポイント

　　遊ぶ前に行うと、顎（エラ）との連動がとれ、母指球がしっかり使えるようになります。安定感や柔軟性が出るので、日々楽しんでもらいたい触れ合い遊びです。引っ張ったり強く回すのではなく、やさしく回してあげましょう。足裏に手を添えると、足裏の筋肉もゆるみます。音をつけて行うと喜んでくれます。嫌がる時は、無理をせず、「01 パピプペポッポの山登り」の基本のタッチをしましょう。筋肉のポンプ機能が向上するので、身体の循環もよくなります。🖐

第3章 ▲ 身体の土台を作る運動遊び100

31 ゆらゆらトンネル

用意するもの	マット、フープ
遊びの手順	① マットにフープを通し、トンネルを作ります。
	② トンネルの出口で子どもを呼びます。
	③ トンネルをくぐって真ん中あたりまできたら、ゆらゆらとトンネルを揺らします。

指導のポイント

　歩くようになっても、乳児の時のプロセスをしっかり体験できる機会がもてるよう、遊びのなかでハイハイができる環境を作りましょう。フープの円を利用するので、ゆらゆらしたなかでくぐるようになります。「揺れます！」と、アトラクション風に大きく揺らしても楽しめます。

32 まねっこリズム遊び1

用意するもの ピアノ、オルガン、音楽CDなど

遊びの手順

1. 音楽に合わせ、保育者のまねをして乳児の育つ身体の動かし方に沿った動きを楽しみます。

2. あお向けになって魚のように身体を揺らします。

3. あお向けになって三輪車のペダルをこぐように脚を動かします。

4. どんぐりのようにコロコロと寝返りをし、転がります（左右）。

5. ワニのようにずり這いで移動します。

6. カメのようにハイハイで前進します。

7. 馬のように高這いで移動します。

8. 歩きます。

**指導の
ポイント**

　　　乳児の時の動きをまねっこ遊びで楽しむこと
で、発達していく身体の動きが再現されます。
　　　寝返りやずり這い、ハイハイの経験が少ない子
どもは、身体の安定感や柔軟性、感覚統合が十分
でないことがあります。保育者のまねをすることで、十分でない身
体の動きを獲得できるようになります。
　　大事なことは、好きな動きをランダムに楽しむのではなく、順番
に行っていくことです。最初にあお向けの動きがあることで、転が
りやすくなります。そして、転がることで、ずり這いの動きが行い
やすくなります。いきなりずり這いを始めるより、順番に行ったほ
うが身体は機能的に動いてくれます。
※知っている曲を活用して楽しみましょう。専門書の楽譜を活用してもいいです。

33 くるりんパッ！

> **用意するもの** 特になし
>
> **遊びの手順** 1 保育者は膝を伸ばして座り、右肩の上で子どもの手を持って後ろに立たせます。
>
> 2 右手で子どもの身体を抱え、頭を左手で丸めたように持ち、上半身を曲げます。
>
> 3 保育者の誘導のもと、子どもは前回りをして膝の上に着地します。

くるりん

身体を丸めて誘導しましょう。

指導のポイント

　寝返りに始まり小さい頃から転がる経験をたくさんすることで、バランス感覚が育ちます。横に回る経験に続き、縦に回る経験は、いろいろな動きに対する恐怖心が和らぎ、マットや鉄棒など回る遊びが自然と身につきます。

　身体の使い方は、習慣の連続です。怖がるようであれば、横に転がる経験や飛行機ぶんぶんなど、逆さまになる経験を多く取り入れましょう。身体が身軽な頃から、安心できる大人の支えを利用して、回る経験をたくさんしましょう。

34 お山に登ろう！

手のひらと足の母指球をいっぱい使いましょう！

指導のポイント

　角度をつけることで、母指球をしっかり使うようになります。手のひらを使うことは握力につながり、道具を操作する力に影響します。楽しみながら経験していきましょう。

　園にある階段も利用しましょう。手のひらが丸まりやすい子どもは、「01 パピプペポッポの山登り」の足バージョンを行った後で楽しみます。

35 ニギニギジャンプ！

用意するもの	特になし
遊びの手順	① 保育者の親指を子どもに握らせます。
	② 「ニギニギ、ジャンプ！」のかけ声に合わせて、子どもがジャンプします。最初は低く始め、ジャンプする感覚がつかめて慣れてきたら少し高くします。

ニギニギ

ジャンプ！

指導のポイント

　子どもの手のひらを大人が握ることで手と足の母指球が連動し、ジャンプした時に安定感が生まれます。ジャンプした後の両足で着地する感覚を感じることができます。「ニギニギ」で握ろうとする力を引き出しながら、自分でジャンプしようとする感覚も味わっていきます。

　声の大きさで、小さいジャンプ、大きいジャンプとメリハリをつけるとより楽しめます。一緒にトランポリンを跳ぶ時も、この手の持ち方で跳ぶと、着地が安定しやすくなります。

36 エレベーターに乗って

用意するもの ぶら下がれる棒（ラップの芯）、マット

遊びの手順
1 保育者の前に子どもを立たせて、棒を握らせます。

2 「上に参ります」で棒を引き上げ、「下に参ります」で引き下げます。最初は低く始め、足が地面から離れ、しっかり握ることがわかってから少し高くします。上下繰り返しましょう。

「下に参ります」

指導のポイント

　子どもが自分の身体を支える力を引き出します。手が離れた時のことも考えて、マットを敷いて無理のない高さで行いましょう。握る感覚がわからない子どもには、あお向けでの「27 リングをギュッ！」で握る感覚がつかめてから始めましょう。「30 足指クルクル体操」も、握る力を高めるので効果的です。

　この感覚がわかると、鉄棒にぶら下がったり、ぶら下がったまま身体をぶらぶらさせられるようになり、ぶら下がりながら自分の身体をコントロールできるようになります。

37 お出かけリング！

用意するもの	リング（丸いリレーバトンやホースを丸めて手づくりしてもOK）
遊びの手順	❶ 子どもにリングを握るよう声をかけます。
	❷ 目的地を知らせて、部屋を一周します。

○○へ出発します

○○に到着しました！

指導のポイント

　　　最初は少し引っ張り、握っていないと手が離れることがわかってから始めましょう。手が離れてしまう時は、友だちが楽しんでいる様子を見たり、子どもの手の上から一緒に握り、移動を楽しみます。顔が進行方向に向くよう「○○ちゃん」と声をかけてあげましょう。

　慣れるまでは、半ズボンより長ズボンのほうが滑りやすく、移動しやすいです。お腹も出ないように、服をズボンに入れましょう。慣れてきたら、途中で止まったり、ジグザグ運転をしたりと、無理のない範囲で楽しみましょう。

38 拾って入れて

用意するもの	ボール（小）、おもちゃ、口の広い入れもの（バケツ、バッグ）
遊びの手順	① 「○○入れて」と声をかけます。 ② 子どもはそれを拾って、入れものに入れて遊びます。

指導の ポイント

　　　　歩くようになると、しゃがんで遊ぶ姿が多くなります。しゃがむことができるようになると、両手を操作することができ、握力も増してきます。

　そのしゃがむ動作を利用し、しゃがみながらたくさんのボールやおもちゃを拾って入れものに入れる経験をします。

　広い場所で楽しむと、歩く、しゃがむが繰り返されるので、屈伸運動になります。戸外でも、葉っぱや木の実を拾って入れものに入れるなど、しゃがむ経験をたくさんしましょう。

39 牛乳パックの遊園地

> **用意するもの** 牛乳パックの遊具(牛乳パック、新聞紙、ガムテープ
> などで作ります)
>
> **遊びの手順** ① いろいろな形の牛乳パックで遊びます(トンネル、
> 椅子、長い台、登ったりジャンプできたりする台、
> 大型積み木など)。

**指導の
ポイント**

　廃材を利用していろいろな形のものを作り、
乗ったり、くぐったり、渡ったり、登ったり、押
したり、持ち上げたり、またいだりできるように
します。

　牛乳パックを長く組み合わせたものがあるだけでも、またいだり、
渡ったりという活動が自然と促されます。両足ジャンプや渡るなど、
牛乳パック1個分の大きさが、よい高さです。体育遊具の巧技台を
使う前に、部屋にあるちょっとした遊具で遊べるようにしておきま
しょう。

119

40 まねっこリズム遊び2

用意するもの ピアノ、オルガン、音楽CDなど

遊びの手順

1. 音楽に合わせて保育者が見本を見せ、子どもと一緒に「32 まねっこリズム遊び1」を楽しんだ後、「40 まねっこリズム遊び2」を楽しみます。

2. アヒルになって、しゃがんで歩きます。

3. ウサギになって跳びます。

4. カエルになって手をつき、脚を上げて跳びます。

5. トンボになって羽を広げて走り、曲の終わりで片足立ちをします。

6. カメになってのけ反ったり、丸まったりします。

指導のポイント

　2歳児クラスになると、身体表現でできることが増えてきます。「まねっこリズム遊び1」を楽しむことで安定感、柔軟性の土台ができます。その土台があることで安定して歩く、走る、しゃがんで歩く、跳ぶ、背面の柔軟性、片足立ちなどの動きが獲得できます。これらができるようになると、箸への移行に始まる、道具の操作、衣類の着脱など、手を使うことがグンと伸びてきます。全身運動があり、手の細やかな操作になるので、押さえておきましょう。

　うまくできないと思ったら「まねっこリズム遊び1」の動きができるかどうか確かめましょう。正しく動かす習慣は、立って歩くまでの動きが獲得しやすいので、「まねっこリズム遊び1」を行ってから「まねっこリズム遊び2」を行うのが効果的です。

※知っている曲を活用して楽しみましょう。専門書の楽譜を活用してもいいです。

41 手つなぎくるりん

用意するもの 特になし

遊びの手順 ① 保育者と子どもが向かい合って手をつなぎます。

② 保育者の膝に子どもが足をかけ、お腹のあたりまで登り、くるりんと回ります。

指導のポイント

　でんぐり返しの力を最大限に引き出そうとするには、筋肉の緊張を取り除くことが必要です。筋肉がゆるみふっくらと張りのある筋肉になると、身体が筒状になり、手足の母指球がしっかり使えるので、回りやすくなります。力だけでよじ登ったり回ろうとすると、保育者と子どもに必要以上の力がかかってしまいます。

　身軽な頃に前、後ろ、横に回れることは、感覚統合にも効果的です。顎（エラ）からの連動もとりやすくなり、力が発揮しやすいです。

42 ニギニギひげじいさん

用意するもの	筒状の握れるもの2個セット(ラップの芯を短く切ったものなど)

遊びの手順
1. あまり長すぎずにしっかり握れる筒状のものを用意し、両手に握るように子どもに伝えます。
2. 定番の「とんとんとんとんひげじいさん」の手遊びを、筒の上下の面を合わせて楽しみます。

♪とんとんとんとんひげじいさん♪

指導のポイント

　握る行為は、手の母指球を使うということです。「とんとんとんとんひげじいさん」の歌詞の内容に合わせて筒の上下の面を重ね合わせたり、顔につけたりすることで、脇が開いてしまいがちな子どもも脇が閉じ正しく腕が動かせます。これは正しい身体の動かし方なので、自然と身体が整い、正しい姿勢をとりやすくなります。

　座って行う場合は、膝を閉じるように声をかけてから始めると、より整います。正しく身体を動かす習慣を楽しみながら身につけていきましょう。速さを変えたり、キャラクターバージョンなどでも楽しんでみましょう。

43 手のひら パチパチは〜い！

用意するもの	特になし
遊びの手順	① 保育者と子どもが向かい合って座ります。
	② 保育者がリズムをつけて手を叩きながら「○〜○ちゃん！」と呼びます。
	③ そのリズムに合わせて呼ばれた子どもは、手を叩きながら「は〜あ〜い！」と返事をします。

○〜○ちゃん！

は〜あ〜い！

パチパチ
パチパチ♫

指導のポイント

　手のひらを使う、刺激を入れることを遊びのなかで行います。自分で手を叩いたり、保育者と手のひらを合わせたりします。

　手のひらへの刺激は脳への刺激になり、言語面へのアプローチにもなります。手を交差させて保育者と手を合わせるのも効果的です。手拍子がとれるようになるので、太鼓、カスタネット、タンバリン、鈴などの楽器遊びにも移行できます。

44 くまさんの散歩

用意するもの くまのお面、トンネル、おうち（見立てのポイント）、道
（テープ、ひもなど）

遊びの手順
① 高這いになって保育者が「散歩に出発！」と言い、
歩きます。
② 道を歩いたり、トンネルをくぐったり、食べ物を見
つけて食べるまねをしたり、おうちで休憩したりし
ます。

**指導の
ポイント**
　　　高這いの体勢でくまになって散歩します。見立
て遊びやごっこ遊びが大好きな時期なので、なり
きって遊べます。誰もがわかるようにお面をつけ
ることで、より楽しめます。
　ごっこ遊びを楽しみながら、顎から腕、脚を動かし、母指球をしっ
かり使います。無理なくくまの体勢をとれるよう、座ったり、時に
はお昼寝したりと休憩を入れ、動と静の動きを組み合わせるといい
でしょう。カメバージョンでハイハイの動きをするのもいいですね。

45 ラッコでゆらゆら

用意するもの フープ

遊びの手順
① あお向けになってフープを持つように、子どもに伝えます。
② 保育者は、頭側から引っ張ったりゆらゆら動かしたりしながら移動します。

指導のポイント

　最初は揺らさず、まっすぐ引っ張ります。慣れてきたら、ゆらゆら揺らして引っ張ります。止まって揺らし「プカプカ」と声をかけても楽しめます。ラッコのように身体を丸めると、フープの動きに自然と沿うことができます。

　身体が丸まらず伸びてしまう時は、筋肉の緊張があり身体が筒状でない状態です。その時は「30 足指クルクル体操」を行ってから楽しみましょう。

46 引っ張って引っ張って

用意するもの ペットボトルに水を入れたもの（砂、色水などでも可）に握りやすいひも（ロープ）をつけたもの

遊びの手順
① 保育者は、引き車のおもちゃと同じイメージで「行ってらっしゃい！」と声をかけます。
② 子どもは、ペットボトルについたロープを引っ張ります。

指導のポイント 　引っ張りやすい長さで、握りやすいひもをつけます。最初は軽いものから始め、徐々に重いものに調節していきます。力を出して重いものをたぐり寄せ、引っ張る経験ができるようにします。道やコースの線をつけると、一定の距離を引っ張ることができます。慣れてきたら長い廊下を利用して、お部屋だけでなく園内探索も楽しめます。🖐

47 ぐるっと一周行ってきます!

指導のポイント

　握りやすい長縄跳びのロープなどを用意し、うつ伏せで子どもに握らせ、保育者が引っ張ります。結び目を作っておくと握る場所がわかり、手も引っかかりやすいので、慣れるまで目印として作っておくのもお勧めです。

　ロープを縦に握ることは、横に握って持つことよりも母指球を効果的に使うことができ、身体の安定感や柔軟性を養います。円を描きながら引っ張ることで、遠心力に合わせて身体を操作する力も引き出せます。握力がつくので、綱をつかんで登る、ぞうきんを絞るなどの準備段階として取り入れたい遊びです。

48 島から島へおさるさん

用意するもの	ぶら下がれる棒、さるのお面、巧技台(2台)
遊びの手順	① 子どもは巧技台の上に立ち、棒を握ります。
	② 保育者は子どもの身長より棒を高く持ち、子どもは棒にぶら下がり、離れた巧技台に移動します。

▲第3章

身体の土台を作る運動遊び100

指導のポイント

　棒にぶら下がり、巧技台から巧技台に移動します。目的地を知らせることで、そこまではしっかり握ろうと意識します。自分の身体を保持しながら握る力を持続させる遊びになります。

　最初は身長より少し高い位置で始め、慣れたら少し高くしましょう。握る力が弱い場合は、「30 足指クルクル体操」をしてから始めましょう。「足指クルクル体操」は、参観日に遊びとセットで、家庭でスキンシップをとりながら身体を整える体操として紹介するのもいいですね。

49 ちぎってお団子コロコロ

用意するもの	小麦粉粘土や粘土、お皿
遊びの手順	❶ 長く伸ばした粘土を用意して、子どもにちぎるところを見せてから、ちぎらせます。
	❷ たくさんちぎれたら、「お団子コロコロ〜」と言いながら、粘土を子どもと一緒に丸めます。

お団子コロコロ〜

指導のポイント

　あらかじめ粘土を長くして、保育者が「こんなのできるかな？」と言いながらちぎる動作を促します。ちぎったら、手のひらでコロコロ丸める動作を見せます。慣れるまでは、小麦粉粘土など形が作りやすいものから始め、「できた」という経験をさせてあげましょう。

　動作が獲得できたら、普通の粘土でも楽しんでみましょう。まずは道具を使わず、指先や手のひらを使って粘土遊びができることが大切です。丸めたり、伸ばしたり、平らにするなど手のひらの動作がとれることで、道具を使う動作の獲得にもつながります。早くから道具を使うと、手のひらを使う経験が少なくなるので気をつけましょう。

50 ぼんてんままごと

用意するもの スプーン（すくうところが大きめのもの）、ままごとの食器、ぼんてん（手芸用品）

遊びの手順
① スプーンの持ち方を子どもと確認します。
② スプーンでぼんてんをすくい、ままごと遊びを楽しみます。

上手にすくえるね！

指導のポイント

　軽くてすくいやすい手芸用のぼんてんを食べ物に見立てます。遊びのなかで三点持ち（鉛筆持ち）ですくう経験をたくさんしていきましょう。
　三点持ち（鉛筆持ち）が持続できるようになると、箸を使う機能の準備が整ってきます。併せて手足の母指球が育つので、生活面、運動面でのパフォーマンスが向上します。上手持ち、下手持ちの習慣から三点持ち（鉛筆持ち）に移行できない場合、他の身体の機能が育っているか総合的に観察しながら、三点持ち（鉛筆持ち）を習慣にしていきましょう。

51 ピッピッピ体操

用意するもの 特になし

遊びの手順
1. 保育者は子どもの後ろに立ちます。
2. 子どもの両手の母指球から親指のあたりを手で持ちます。
3. 「ピッピッピ!」と2回繰り返し、外側にやさしく動かします。

ピッピッピ!
ピッピッピ!

指導のポイント

　かけっこをする前に、子どもの手の母指球をやさしく動かすことで、足の母指球もしっかり使え、安定して走ることができます。
　筋肉がゆるむことで脚も軽くなり、脚だけを上げるのではなく、顎から腕、脚が動かせるようになります。けがの防止にもなり、準備体操に取り入れたい体操です。「ピッピッピ!」とおまじないをかけるように行うと、子どもも喜びます。散歩に出かける前に行うと、脚がよく動き、疲れにくくなり効果的です。🖐

52 ご飯を拾って食べさせて！

用意するもの	ボール（小）または玉入れの玉、入れもの（かご、バケツ）、段ボール（口を開けた動物が描かれたもの）
遊びの手順	① 段ボールの動物が「お腹がすいたよ〜」と登場します。
	② 保育者は「おいしそうなリンゴが落ちてる！」などとボールや玉を食べ物に見立て、撒きます。
	③ 「いっぱい拾って食べさせてあげて」と子どもに伝え、子どもはボールや玉を拾いに行き、段ボールの動物に食べさせます。

くまさんどうぞ！

しゃがむ経験がたくさんできる遊びです。小さ
いボールや玉を広い場所に撒くと、行動範囲も広
がり、しっかりと運動ができます。

　雨が続く日の室内遊びにも活用できます。ごっ
こ遊びが大好きな時期なので、楽しくできるよう、言葉かけや違う
動物を登場させるなど工夫しましょう。最後に動物から「ありがと
う！」の言葉があると、より達成感が味わえます。食べさせる時に
は、1か所に集中しないように、人数に合わせて動物の数を増やし、
混雑を防ぎましょう。

53 ワニの探検

用意するもの	ワニのお面、机（平均台）、スポンジ素材の長い棒
遊びの手順	① 子どもはワニの身体表現（ずり這いの動き）をしながら、机をくぐります。
	② くぐった先に丸太に見立てた長い棒を用意し、子どもは丸太につかまって保育者に引っ張ってもらい、元の場所に戻ります。

指導のポイント

　ワニの身体表現は、全身を動かしながら身体の柔軟性が自然と身につく方法です。部屋の机や平均台を利用して、姿勢を低くしないと進めない環境を作ります。そうすることで、リズム遊びではその姿勢がとれない子どもも、自然とその動きをしようとします。

　遊んだ後は、背面の筋肉がゆるんでいます。エビやのけ反るカメのポーズがとりやすくなります。初めは数の少ない机で始め、慣れたら多くします。目的地に楽しいことがあると、意欲的に進めます。ごっこ遊びをしながら身体が整う遊びです。　🖐

54 手押し車

用意するもの	マット、プラポイント（2枚）
遊びの手順	① スタート位置に子どもを呼び、手を床につくように声をかけます。
	② 保育者は子どもの足首を持って脚を上げ「いっちに！　いっちに！」と声をかけ、子どもはその声に合わせてゴールポイントまで手を使って前進します。

※コツがつかめない子どもは手をつく経験から始めてみましょう。

**指導の
ポイント**

　　　手のひらをしっかり使った遊びになり、手の機能向上につながります。腕の力が弱く自分の身体を支えられない子どもは、保育者が子どもの膝の近くを下から支え、手にかかる負担を軽くします。前に進めない場合は、ゴールポイントが視界に入るように頭を上げさせ、移動できるよう声をかけます。手押し車を始める前に「51 ピッピッピ体操」や大人の膝の上で手をつく経験をするとよいでしょう。

2歳児総合サーキット

用意するもの　平均台、フープとマットのトンネル、牛乳パックで作った一本橋、半円柱のスポンジ積み木（または長い棒）、巧技台（2台）、ぶら下がれる棒

遊びの手順
1. 子どもはスタート位置から設定した遊びを順番に行い、ゴールを目指します。
2. 平均台のトンネルをくぐります。
3. ゆらゆらトンネルをくぐります。
4. 牛乳パックを長くつなげた一本橋を渡ります。
5. 半円柱のスポンジ積み木または長い棒を、両足でジャンプして進みます。
6. 「48 島から島へおさるさん」の棒にぶら下がって、巧技台を移動します。

指導のポイント

　子どもの発達プロセスに沿ってサーキットを組むと、安定感、柔軟性が得られて楽しめます。ワニ歩きやカメ歩きなど、乳児の動きを楽しんでから一本橋を渡ると、バランスがとりやすくなります。また、ジャンプにも安定感が出てきます。最後は少しダイナミックな遊びや、保育者とスキンシップがとれる遊びなどにすると、次回への意欲につながります。

　一本橋が簡単にできるようになれば、細くしたり、高くしたりとよりバランスが必要とされるものにしていきましょう。ジャンプも、子どもの発達や身体の動きに合わせて高さを調整します。

56 タオルでカエル

用意するもの フェイスタオル

遊びの手順
① 中央に結び目のあるタオルを子どもに渡し、結び目の横を両手で握るよう伝えます。
② 「かえるの合唱」の「♪クワッ♪クワッ♪クワッ♪」でリズムに合わせて手を動かします。2〜3回繰り返し楽しみます。

タオルの作り方

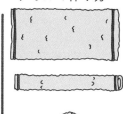

♪カエルの歌が〜♪聞こえてくるよ〜♪
♪クワッ♪クワッ♪クワッ♪クワッ♪
♪ケロケロケロケロ♪クワッ♪クワッ♪クワッ♪

♪クワッ♪クワッ♪クワッ♪

※カエルの表現、巧技台を跳ぶなどの準備体操にもよいです。

指導のポイント

　腕の動かし方一つで身体の状態や姿勢が変わります。タオルを握り母指球を使って腕を動かすことで、顎（エラ）から脚、口が連動し、姿勢改善、動きの安定感、口腔機能の高まりが期待できます。
　タオルに結び目を作ることで、持つ位置がわかりやすくなります。「結んだ横を握ってね！」と伝えましょう。動かすことが難しい子どもには、背中から保育者が手を添えて一緒に楽しみ、動かし方のコツがつかめるようにしましょう。「かえるの合唱」は、子どもが自然に口ずさむ歌なので、取り入れやすいと思います。

57 キラパタ体操

用意するもの	特になし
遊びの手順	① 保育者が前に出て子どもたちと向かい合い、子ども同士も手が当たらないように広がります。
	② 手のひらを前にするよう、子どもに声をかけます。
	③ 保育者の声に合わせて腕を動かします。

キラキラキラキラ　パタパタパタパタ　キラキラキラキラ　ストンストンストンストン

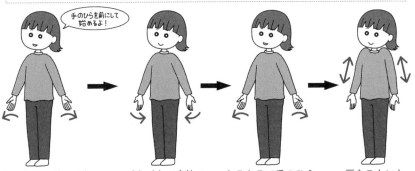

| キラキラで手のひらを4回振る。 | パタパタで身体の側面に4回軽く手を当てる。 | キラキラで手のひらを4回振る。 | 肩をストンと4回上げ下げする。 |

手のひらを前にして始めるよ！

最初は手を横にして、次に手を少し前にして、最後に手を少し後ろにしてやってみましょう。

　身体の横、前、後ろと顎（エラ）から腕を動かすことで、身体が 360 度意識でき、身体が整えられるセルフケア体操です。胸を開くようにしたいので、手のひらを前にして始めましょう。

　体操というと力を入れてきれいに表現すると思われがちですが、この体操は力を入れないほど効果的です。「キラキラキラキラ！」と力強いかけ声ではなく、やさしく「キラキラキラキラ」と表現し、力が入らない工夫をしましょう。後ろに動かす時はがんばって胸を張りがちですが、腕の可動域に合わせたほうが効果的なので、「ちょっとだけ後ろ」など伝え方を工夫しましょう。

　子どもが違う動きをしていても神経質にならず、腕をブラブラ動かすだけでも効果的なので、楽しんで行えるようにしましょう。

　姿勢がよくなる、鼻呼吸、深い呼吸ができる、声がよく出て歌のひびきがよくなる、咀嚼がしっかりできるなど、自分で健康へのアプローチができるようになります。

58 さわさわキック体操

用意するもの 特になし

遊びの手順
❶ 保育者が前に出て子どもたちが向かい合い、子どもは友だちと手が当たらないように広がります。
❷ 保育者の声に合わせて、身体を動かします。

脚を「さわさわ」と言いながら
下からやさしく触る

「キックキックキック」
と言いながら脚を上下する

※走る前に行うと脚が軽くなり、よく脚が上がるよ！

指導のポイント

　　　かけっこをする前にお勧めのセルフケア体操です。やさしく触れたり、揺らしたりすると効果的なので、声のトーンに気をつけて楽しみましょう。
　　片足になるとケンケンで移動する子どももいるので「その場所でできるかな？」と伝えましょう。「57 キラパタ体操」の後に行うと、片足で立つ時の安定感が生まれます。

59 グーっと押さえて ギューっと引っ張って

用意するもの 特になし

遊びの手順
① 保育者は前に出て、子どもと向かい合います。
② 保育者は「グー」と「ギュー」の表情を変えながら、矢印の方向に腕を動かし、子どもはそれをまねします。

指導のポイント

　手のひらを使って手の機能向上ができる遊びです。押さえる時と引っ張る時で表情を変えて、子どもがまねをできるようにしましょう。自分の力で押さえ合う、引っ張り合うことで、力を強く出す感覚がわかりやすくなります。また、擬音語を入れたり表情を入れたりすることも同様の効果があります。保育者と親子の触れ合い遊びとしても応用できます。

お好みの節で！

① グーっと押さえて、ギューっと引っ張って ×2回

② グッ！グッ！グッ！　ギュ！ギュ！ギュ！

③ グー、ギュー

※バリエーションとして、親子で手を合わせたり、引っ張ったりします。

おむすびニギニギボール

用意するもの	おむすびニギニギボール（作り方はイラスト参照）、的となるフープ

遊びの手順	❶ 子どもにおむすびニギニギボールを1個渡し、順番を待っている間は「ニギニギ」と言いながら両手で握るように伝えます。 ❷ 順番がきた子どもは、的に向かってボールを投げます。

指導のポイント

　ボールの表面はつるんとしているので、ボール遊びが苦手な子どもは「難しい」「うまくできない」と感じやすいです。凹凸があると握りやすく、途端に扱いやすくなります。待っている間、おむすびを作るように「ニギニギ」と言って、手の母指球を使っておくと、顎（エラ）から連動し、腕を使って投げることができるようになります。また、視線と手の動きのブレも少なくなり、的に入りやすく達成感が味わえます。投げる時も自然と握って離す動作がとれ、効果的です。

　それでも難しい時は、ずり這いの動きをしてみましょう。ボール投げは、ずり這いの身体の動きそのものです。ずり這いがうまくできないと、ボールを投げる動きもうまくいきません。

　ワニになって、ずり這いができる遊びとボール投げをセットにして、遊ぶのもよい方法です。投げることが上手にできるようになったら、普通のボールに変えてみましょう。

おむすびニギニギボールの作り方

おむすびをニギニギして待っててね！

61 くまとカエルの ぞうきんがけ

用意するもの　手形つきぞうきん

遊びの手順　① スタートする場所に手形つきぞうきんを置きます。

②　保育者がいるところまでぞうきんがけをします。

※手形を描いたり、型を縫いつけておくと自然と手を置いてくれます。

指導の
ポイント

　ぞうきんに手形をつけておくと、思わず手をつけたくなり、ぞうきんがけを始めるにはとてもいいアイテムです。まずはくまの体勢になって、ぞうきんがけをします。慣れてきたら、カエルの体勢になって楽しみます。「ヨーイドン」と保育者が言うと、急いでしまうことも予想されるので「ここまで来られるかな〜？」と声をかけ、到着したら保育者の手をタッチするなどしましょう。また、濡れていると床が滑りやすくなるので、乾いたぞうきんで遊びましょう。

62 コロコロコロン くるりんパッ！

用意するもの	マット3枚

遊びの手順

① 1枚目のマットは腕と脚を伸ばして「コロコロ」、2枚目のマットは両脚を両手で抱えて「コロンコロン」、3枚目のマットは前転で「くるりんパッ！」と言葉に合わせて動作を説明します。

② みんなで両脚を両手で抱えてその場でコロンコロン転がる準備体操をします。

③ 順番に一人ずつマット遊びを楽しみます。

コロンコロン

くるりんパッ！

指導のポイント

　準備体操をしっかり行うことで身体が筒状になり、転がって移動しやすくなります。前転までの動きで身体をしっかり丸めて、前転をします。

　うまく転がれない子どもは、保育者が転がして体感としてコツがつかめるようにしましょう。身体に緊張があると転がれません。「30 足指クルクル体操」も準備体操に活用するとよいでしょう。前転はしっかり補助し、安全に行いましょう。

63 トンネルランド

※足の使い方を遊びのなかでさりげなく伝えていきましょう。

指導のポイント　子どもがくぐれるくらいの段ボール箱を人数分集めておきます。子どもたちと相談しながらトンネルを作ります。「どこまで長いトンネルができるかな？」など、イメージを膨らませながら作りましょう。できたトンネルで、ハイハイの動きを楽しみます。その時、足の指を立てているか見てみましょう。立てるコツがわからなかったら、しゃがむ姿勢からハイハイに誘導し「足を立ててね！」と伝えてみましょう。

64 下から上へぶらんぶらん

用意するもの 鉄棒、マット、巧技台

遊びの手順
1. 鉄棒の前に順番に並びます。
2. 保育者の声かけで、順番に鉄棒にぶら下がったり、身体を支えて、身体や脚をぶらんぶらんさせたりします。

指導のポイント

　鉄棒は自分の身体をさまざまな体勢で支える動きができます。まずはぶら下がるところから始めて、身体を支えながら揺らすことを経験しましょう。揺らすことで、握ろうとする力が増します。真ん中から上は、鉄棒の高さに合わせて支えるコツがつかめるまで、巧技台を置き、足がつく状態で始めましょう。この時、筋肉が緊張状態にあると背中が反ってしまうので、柔軟な動きができなくなります。鉄棒を始める前に、「57 キラパタ体操」「58 さわさわキック体操」などを準備体操とすることをお勧めします。

65 ドーナツ屋さん

用意するもの 粘土、粘土板、皿

遊びの手順

① 保育者は「こんなのできるかな?」と、粘土を手で伸ばしてドーナツを作るところを見せます。できたら皿に乗せ「○○ちゃんどうぞ!」と持っていきます。

② 子どもも同じように作り、保育者は「ドーナツができたら、食べに行くね!」と声をかけます。

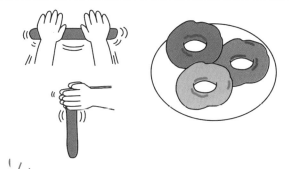

指導のポイント

　ドーナツづくりは、手のひらを使って伸ばす動作をします。しっかり手のひらを使って遊べるよう、イメージしやすいドーナツを作る機会を設けていきます。伸ばし方がわからない時は、手を添えてコツがつかめるようにしましょう。粘土板が動くと伸ばしにくくなるので、安定して伸ばせる場所を作りましょう。

　指先だけ使って粘土遊びをするよりも、手全体を使って遊ぶことで握力、手の機能が高まります。手のひらをしっかり使うことで、より繊細な動作ができるようになり、生活面でも自分でできることが増えていきます。

66 何が入っているのかな？

用意するもの	瓶、なかに入れるもの
遊びの手順	① 保育者が「何が入っているのかな?」と声をかけ、子どもは瓶の蓋を開けます。
	② なかに入っているもので遊びます。

いろいろ入れて遊ぼう！
・ひも通しセット
・おはじき
・ビーズなどままごとの材料
・おやつのお菓子
・宝さがしのアイテム

**指導の
ポイント**

　最近は上下に動かして水を出す水道が多くなり、手のひら全体を使って操作をする機会が少なくなっています。ペットボトルの蓋を開ける機会は多いですが、手のひら全体を使ったほうが握力は増します。手のサイズに合った瓶を選ぶようにしましょう。「今日の瓶には何が入っているかな？」と、毎回違うものが出てくると楽しいです。

　ひも通し、折り紙、スライム、時には個包装のお菓子などを入れてもよいでしょう。宝探しゲームに瓶を使ったり、ままごとの材料入れにしたり、日々のなかで手のひらを使って開ける機会を多く設けましょう。

67 一本橋続くよどこまでも

用意するもの 巧技台、テープ、長いひも、足形、平均台（長くて渡れるもの）、タンバリン、マットなど

遊びの手順
1. 「57 キラパタ体操」で準備体操をします。
2. 保育者がさまざまな物で作った一本橋を渡ってみせ、順番に出発します。
3. タンバリンを鳴らす、ジャンプするなどをしてゴールを目指します。

指導のポイント　脚を交互に運ぶことが自然にできるよう、まずは、低い平均台を使います。「キラパタ体操」をみんなで楽しんで行うと、安定感が出てバランスよく歩けます。高さのある平均台で脚を交互に運ぶことができることは、しっかり母指球が使えていることになります。

▲ 第3章 身体の土台を作る運動遊び100

68 ジャンプ・ジャンプ・ジャンプ

用意するもの	フープ、高さのある長い棒（スポンジ積み木、牛乳パックをつなげたものなど）、ゴムひも、ジャンプできる高さの巧技台
遊びの手順	① 準備体操に「56 タオルでカエル」を行います。
	② 「カエルさんになって出発するよ！」と声をかけ、いろいろなジャンプを順番に楽しみます。
	③ フープをジャンプします。
	④ 長い棒をジャンプします。
	⑤ ゴムひもをジャンプします。
	⑥ 巧技台をジャンプします。

指導のポイント

　いろいろな高さのものを設定し、楽しみます。低いものから始め、少しずつ高くし、できた経験と自信を次の高さにつなげましょう。高さがあっても両足でジャンプができるよう、「カエル」をイメージさせるとわかりやすいでしょう。

　「タオルでカエル」を準備体操に取り入れると、ジャンプが安定します。組み合わせて遊ぶとより効果的です。最後はより高いジャンプで終われるよう、巧技台の段を調整したり、自信をもってジャンプできる高さを選べるようにして楽しみましょう。

69 ゴロリンくまさん

用意するもの フープのトンネル、くまの足形、でこぼこ道、巧技台、跳び箱とマットを組み合わせた丘、はしご、マット、タンバリン

遊びの手順

❶ フープのトンネルで、子どもはゆらゆらしながら、前の子どもの順番を待ちます（おむすびニギニギボールを使っても可）。

❷ 「くまさん、起きてください！」と保育者が声をかけたら、子どもがスタートします。

❸ くまの足形に合わせて四つん這いで歩きます。

❹ でこぼこ道を通ります。

❺ マットで前転をします。

❻ 斜面のあるはしごを登ったら、ジャンプしてゴールです。

指導のポイント

　　　くまが冬眠から目覚めて出発するイメージです。フープの遠心力を利用して、スタート前に身体を揺らしておくことで、高這いの姿勢が安定します。「60 おむすびニギニギボール」のボールを持って揺れると効果的です。

　マット運動、跳び箱、鉄棒などの体育遊具は、すべて前方に身体を丸めた動きになります。筋肉が緊張すると背中が硬く反り、身体に力が入ってしまいます。筋肉の緊張を取り除きながら丸める姿勢がとれる遊びです。✋

※おむすびニギニギボールを持って揺れると効果的です。

70 3歳児総合サーキット

用意するもの	トンネル、新聞紙の玉、三輪車（かごをつける）、平均台、狼のお面、かご、跳び箱、マット

遊びの手順

1. 保育者はコースの説明をしながら、子どもにやって見せます。途中、狼がいることなども知らせておきます。
2. 並んでいる順番にスタートします。
3. トンネルをくぐります。
4. 新聞紙の玉を2個拾います。
5. 三輪車のかごに玉を入れて、平均台まで行きます。
6. 両手に玉を持って平均台を渡ります。
7. 狼が持っているかごに、玉を投げて入れます。
8. 跳び箱を登ってジャンプしてゴールです。

指導のポイント

「60 おむすびニギニギボール」のボールを新聞紙で丸めたり、小さめのタオルを結んだりして玉を作ります。ポイントは、片手で握れる大きさにすることです。平均台を渡る時、両手に握るものがあると安定感が得られます。平均台の上がるところにステップ（台）を置くと、ものを持っていても無理なく上がれます。「森に冒険に行く！」「狼に会うかも…」など、ストーリーがあるとより楽しめます。玉を入れるかごは、個人差に合わせて調整し、ジャンプで終われるようにしましょう。

3歳児は、体育遊具を使って遊び出す時期です。安定感、柔軟性が土台にあることが「できる！」「できた！」につながります。✋

71 おむすびニギニギ、キャッチボール！

用意するもの おむすびニギニギボール

遊びの手順

1. 保育者が「こんなのできるかな?」と、順番に見本を見せます。

2. 最初におむすびニギニギボールを「おむすびニギニギ」のかけ声で握ってから行います。

3. 一人でボールを上に投げてキャッチします。

4. 一人でボールを上に投げて、手を1回叩いてからキャッチします。

5. 友だちと向かい合ってキャッチします（上投げ、下投げ）。

6. 椅子を輪に並べて向かい合って座り「○○ちゃん」と名前を呼んでボールを投げます。呼ばれた友だちは、ボールをキャッチします。次は違う友だちに名前を呼んでボールを投げます。

指導のポイント

「60 おむすびニギニギボール」の応用です。最初にニギニギすることで顎（エラ）から腕を動かすことができ、投げ方や投げる方向が安定します。最初は一人で、次は二人でキャッチボール、最後はみんなとゲーム感覚で、いろいろな遊びを楽しみます。跳ねるボール遊びと並行して、ボールを投げたりキャッチしたりする感覚を身につけるのに効果的です。

72 大きなかぶ

用意するもの	長縄跳びのロープ、ビニールテープの枠（畑とかご）
遊びの手順	① 子どもが枠のなかでうつ伏せになります。
	② 保育者は「どのかぶから抜こうかな?」と声をかけ、一人を選んで名前を呼び、ロープを持たせて「うんとこしょ! どっこいしょ!」と言って引っ張ります。
	③ 枠から抜けたらかごの枠に移動させ「大きなかぶが抜けた!」と言います。
	④ 次の子どもの名前を呼び、同じことを繰り返します。

指導のポイント

　持つ場所がわかりやすいように、ロープに結び目を作り、上の部分を持つように声をかけます。抜き始めは、ロープを引き寄せようとする力を出すため、急に引っ張るのではなく「大きくてなかなか抜けないな〜!」と余韻をもたせます。
　慣れてきたら、子どもが引っ張って抜くことを経験してみるのも楽しいでしょう。

73 おすもうさん、はっけよい！

用意するもの 特になし

遊びの手順

1. 右手を「いいね！」「グッド！」の形にし、「ひが〜し〜○○富士」と言います。
2. 次に左手を「いいね！」「グッド！」の形にし、「に〜し〜○○関」と言います。
3. その手の状態でそれぞれ「がんばるぞ〜！」と、手を外側に振ります。
4. 「はっけよーいのこったのこった」のかけ声で、手を押し当て、右に左に行ったり来たりします。
5. 手に勝敗をつけます。

第3章 身体の土台を作る運動遊び100

ひが〜し〜
○○富士

に〜し〜
○○関

○○関の
勝ち！

手や腕、指の使い方を意識するだけで身体が整います。親指を向ける方向がなかから外になるように「いいね！」「グッド！」「イェ〜イ！」などの言葉で表現してまねできるようにしましょう。

保育者が「さあ、対決するぞ！」と、なりきって楽しみましょう。競い合いを長くすると楽しいです。この後に腕相撲をすると、力が発揮しやすくなります。保育者や親子で手を合わせて「はっけよい！」を楽しむのもいいでしょう。

74 大波小波

用意するもの	長縄
遊びの手順	❶ 子どもは一列に並びます。
	❷ 子どもは、長縄の印か丸印のなかに立ち「大波小波」のわらべうたに合わせて、両足で跳びます。

大波小波で
でんぐり返して〜♪

指導のポイント

　　　長縄の中心で跳べるように、ビニールテープで立つ場所を示したり、丸印を描いたりします。長縄の動きに惑わされると視線が定まらず、ジャンプが安定しません。長縄跳びによく用いる歌や、「1、2、3」のカウントなど、最初はジャンプのタイミングに合わせて歌ったり、声をかけたりします。

　跳ぶコツがつかめたら、自然と歌に合わせて跳べるようになります。跳ぶ足は、母指球が使えることで安定します。長縄跳びを行う前に、「56 タオルでカエル」「57 キラパタ体操」などを行うと効果的です。

ジグザグ波乗り

用意するもの フープ、ポールまたはコーン

遊びの手順

① 子どもはうつ伏せになりフープを両手で握り、保育者がフープを引っ張ります。

② コーンを置いたジグザグのコースに合わせて進み、折り返して元の場所へ戻ってきます。

指導のポイント

コースをジグザグになるように作ります。ジグザグに進むことで、方向への変化に身体を合わせようとします。フープをしっかり握って身体を引き寄せようとすることで、顔が上がります。筋肉に緊張があると、顔が上がりづらく、引っ張る側も重たく感じます。筋肉の緊張をとって行うと、柔軟性、握る力が増します。

慣れてきたら、ペアになって友だちと引っ張る経験を直線から始めたり、参観日に親子で楽しんだりできます。夏のプールでは、波乗り気分を味わえる遊びです。

76 キャタピラに乗って

用意するもの	段ボールで作ったキャタピラ、スタートとゴールのテープライン
遊びの手順	① 子どもはキャタピラに入り、保育者がスタート位置を合わせます。
	② 子どもはハイハイで前進し、ゴールラインまで行きます。

指導の ポイント

　前進しやすいように、段ボールに折り目をつけておきます。方向がわかるように小窓をつけるのもお勧めです。最初は短い距離から、少しずつ長い距離にし、衝突を防ぐため、なるべくスペースを広くとりましょう。「56 タオルでカエル」「57 キラパタ体操」などを行ってからすると、ハイハイする姿勢も安定し、まっすぐ進めます。

　段ボールに入ったら、進行方向へ最初のスタート位置を整えてスタートしましょう。ハイハイの姿勢は、脚や腕の動かし方を整える動きでもあります。積極的に取り入れましょう。雨天の日にマイキャタピラを作って楽しむのもいいですね。

77 おさるがぶら下がる〜！

用意するもの 鉄棒

遊びの手順 ① 子どもが鉄棒にぶら下がり、みんなで10数えます。

おさるさんみたいに、こんなのできるかな？

指導のポイント

　　　鉄棒に足をかけ、イラストのような体勢でぶら下がります。鉄棒は、柔軟性に加えて、棒を握って自分の身体を引き寄せる力が必要です。前回り、逆上がりには、逆さまになることも必要です。自分の体重を感じながら、いろいろな体勢で自分の身体を支える経験をしていきます。前回りをする前のウオーミングアップにもいい遊びになります。

　身体の筋肉に緊張があると、姿勢が反りやすくなります。筋肉をゆるめる遊びを楽しんでから行いましょう。

78 動物パン屋さん

用意するもの 粘土、皿、粘土板

遊びの手順
1. ちぎる、丸める、伸ばす、くっつけるなど、実際に粘土での作業を見せながら、2種類くらいのパンを作って子どもに見せます。
2. 保育者が「いろいろなパンを作ってね!」と伝え、子どもはパンを作り始めます。

ウサギパン作ろう!

指導のポイント

　粘土遊びを通して、作るもののテーマを決め、バランスよく手を使う動作を楽しみます。道具を使わず、手のひらや指先を使っていろいろなパンを作っていきます。動物パンは顔のパーツがあるので、細かい手先の動作も同時に行えます。

　作るイメージが湧くように、パンの載っている絵本を見てから始めるといいでしょう。その際「このパンはこんなふうに丸めて伸ばすといい」など、具体的に伝えるとわかりやすいです。

79 キッチン用具で遊ぼう！

指導のポイント

大人が使う本物のキッチン用具はとても魅力的です。おたま、トングなどさまざまな道具を使います。正しい道具の持ち方を表示しておくと、道具の持ち方や使い方がわかります。

正しい持ち方で道具を使うことは、箸を使う、鉛筆を持つ、ひもを結ぶなど、手を使った正しい持ち方、使い方につながります。

ままごとに使える野菜があれば、ステーキナイフなどから始めて包丁も経験しましょう。うまく持てない場合は、「56 タオルでカエル」「60 おむすびニギニギボール」などをすると、脇が閉まって手の機能が高まり、持ちやすくなります。

80 風船バドミントン

用意するもの	風船、ラケット

遊びの手順
1. ラケットの持ち手を左右「ニギニギニギ」と10回ずつ握って、ウォーミングアップをします。
2. 2人組になって風船を打ち合います。

※牛乳パック、段ボールの廃材でラケットを作ってもいいでしょう。

指導の ポイント

　風船はゆっくりとした動きをするので、道具を使って身体を動かす遊びを始めるにはよいアイテムです。目で風船を追い、動きに合わせて手を操作する遊びになります。持ち手は短いほうが風船をとらえる感覚がわかりやすいです。身近な廃材を利用しても簡単に作れます。

　ラケットを握って動かすと、手の母指球と足の母指球が連動し、身体を動かす時に安定感が得られます。最初の準備体操に、右手、左手と交互にラケットを「ニギニギニギ」と10回ずつ握ることで、身体が安定して遊べます。この経験を通して、バドミントンや羽つきなどに発展させてもいいでしょう。✋

4歳〜

81 色ボール集め

用意するもの	色のついたボール2、3色（ボールプールのボール、玉入れの玉など）、かご
遊びの手順	❶ 保育者はボール（玉）の色を子どもに伝えながら、なるべく広い場所に撒きます。
	❷ 保育者は、グループごとに拾う色を知らせ、拾ってきたボールを入れるかごを所定の位置に設置します。
	❸ 「ヨーイドン」のかけ声で、子どもはボールを拾いに行きます。早く拾ったグループが勝ちです。

指導のポイント

　所定の場所にかごを置き、自分のグループの色のボールを集めていきます。集めるボールとかごの色を一緒にしたり、色の目印を貼ったりするとわかりやすいでしょう。ボールとかごの位置を離し、広い場所で行うことで、しゃがんだり移動したりすることが多くなります。運動と色に意識を向けることが同時に行えます。集めたボールの数を玉入れのように数えるのもいいでしょう。個人でもグループ対抗でもできます。

82 クモの巣くぐり

用意するもの	平ゴム（細い白）、クモの巣を張る支柱（コーン、椅子、折りたたみ式の鉄棒など）

遊びの手順

❶ コーンや椅子にゴムを張り、クモの巣のトンネルを作ります。

❷ ずり這いやハイハイの姿勢で、トンネルをくぐります。

❸ 慣れてきたら、子ども同士で競争しても面白いです。

指導のポイント

　クモが張った巣の糸をくぐる遊びです。自然にずり這いやハイハイで移動できます。ずり這いやハイハイができる高さにゴムを設定しましょう。ずり這いは全身の柔軟性を増してくれます。また、ハイハイは全身を正しい動かし方に導いてくれます。バランスを必要とする動きの前に取り入れると、安定します。日々の遊びのなかで多く取り入れていきましょう。

83 風船サッカー

用意するもの 風船、ゴール（大きめの段ボール箱）

遊びの手順 ❶ スタートラインに風船を置きます。

❷ 自分のゴールに向かって蹴って入れます。

**指導の
ポイント**

　　　　サッカーは左右の脚でボールを追視しながら動かす運動です。手を使うことと同様に、脳にとてもよいとされています。ボールと違ってフワッと動くのも面白く、雨の日の室内遊びでも楽しめます。ゴールを作って達成感が味わえるようにしましょう。

　戸外では、風船は割れてしまうので適しません。サッカーボールを使って楽しみましょう。

84 ケンケンパー

> **用意するもの**　フープ（新聞紙で作った輪など）
>
> **遊びの手順**
> 1. フープを地面に置いてつなげます。
> 2. 置いてあるフープに合わせて「ケンパー」をします。

ケンパーケンパー
ケンケンパー

指導のポイント

　ケンケンの片足立ちが安定する時期です。思考と動作が一致する時期でもあります。最初はリズミカルな定番の「ケンパー」の動作を楽しみ、慣れてきたらケンケンを長めにできるようにフープを置き、「パーパー」とリズムを崩して楽しみましょう。長距離もお勧めです。ケンケンでの移動は、母指球を使った安定した動きが必要です。「51 ピッピッピ体操」「57 キラパタ体操」などを行ってから楽しむと安定します。

85 4歳児総合サーキット

用意するもの　平ゴム（細い白）、クモの巣を張る支柱（コーン、椅子、折りたたみ式の鉄棒など）、段ボールで作ったキャタピラ、平均台、鉄棒、跳び箱、手裏剣シール

遊びの手順
1 ずり這いの姿勢で、クモの巣のトンネルをくぐります。
2 キャタピラで前進します。
3 ケンパーをします。
4 平均台を渡ります。
5 鉄棒をします。
6 跳び箱によじ登ってジャンプしてゴールします。

**指導の
ポイント**

　　忍者の修行と称して、いろいろな遊びを組み合わせて楽しみましょう。最初にずり這いや四つん這いの動きを組み合わせると、安定感、柔軟性が増します。クラスの子どもたちの状態に合わせて、できるものを組み合わせましょう。

　手裏剣シールは、服の上から上胸にシールを貼ることで、やさしく手で触れた時と同じ効果があり、身体の筋肉をゆるめてくれます。園にあるシール、布ガムテープを切ったものなど、形も四角、丸など何でも大丈夫です。忍者になりきって楽しむアイテムとして活用してください。終わった後ははがしましょう。

お助けアイテム
手裏剣シール

輪になってゆらゆら

用意するもの	特になし

遊びの手順

① 保育者と子どもが輪になって、手のひら同士を合わせてつなぎます。

② 保育者が前後に手を振り、子どもたちも同じように手を振ります。

③ 保育者が簡単な質問をし、時計回りに答えていきます。

指導のポイント

　　手のひら同士を合わせてつなぎ、前後に揺らすことで、胸の筋肉がゆるみ、身体が筒状になります。姿勢の改善や身体の空間が広がり、呼吸が深くできるので、朝の集まりの会や園庭に集まった時を利用して、コミュニケーションを楽しむとよいでしょう。

　　集まる時に決まった歌があると集まりやすく、自然に手をつなげるようになります。「好きな果物なあに？」「好きな色はなあに？」と、保育者の簡単な質問に一人ずつ答えていきます。友だちと顔を合わせながら、考えること、言葉で表現すること、コミュニケーションをとることで、終わる頃には身体が整えられるセルフケア遊びです。保育者も一緒に手をつなぎ、手の振り具合を調節します。ぶんぶん勢いよく振るのではなく、やさしく前後に揺らすと効果的です。🖐

手のひら同士を合わせてつなぎます。

87 動物ジャンケンゲーム

用意するもの	特になし

遊びの手順

1. 動物の姿勢になり、音楽に合わせて動きます。
2. 音楽が止まったらジャンケンの相手を見つけます。
3. 全員の相手が決まったら、同じタイミングで、かけ声に合わせてジャンケンをします。
4. 最後まで残った子どもが勝ちです。

やったー！

指導のポイント

　ワニ歩き（ずり這い）、カメ歩き（ハイハイ）、馬歩き（四つん這い）などの姿勢で、音楽に合わせて楽しむ勝ち抜きジャンケンゲームです。四つん這いでは、片手で身体を支えてバランスを必要とする動きになります。乳児の時のプロセスに戻ることで、顎から腕や脚を動かせることができるので、自然と身体が整い、安定感、柔軟性が得られます。いつものジャンケンゲームの一つとして取り入れるといいでしょう。

　その他、参観日に親子で楽しんでもいいでしょう。また、しゃがんだ動きのアヒルでジャンケン、跳びはねるカエルでジャンケンなど、いろいろな動きで楽しめます。

88 ビュンビュン走れる体操

用意するもの バトン

遊びの手順

❶ 子どもと一緒に「86 輪になってゆらゆら」のように、手をつなぎます。

❷ 手を離して一歩後ろに下がります。

❸ 保育者から右回り、左回りでバトンを渡し、バトンを一周させます。

❹「58 さわさわキック体操」をします。

❺「29 あによべ体操」をしたら準備体操完了です。

①輪になってゆらゆら
②バトン渡し右回り・左回り
③さわさわキック体操
④あによべ体操

指導のポイント

　バトンを利用して身体を整える遊びです。握って隣に渡す動きが筋肉の緊張をとり、母指球を使って地面をしっかり蹴って走ることにつながります。脚がしっかり上がるよう「さわさわキック体操」や「あによべ体操」を行って口の周りの緊張を取り除き、顎（エラ）から腕、脚を動かせるようにします。

　リレーは気持ちがあせるので、安定感、柔軟性が得られることでけがの防止につながります。親子リレーで久しぶりに保護者が走る時にも、脚を撫でるだけで、急なトラックのカーブを走る時の転倒防止になります。待機場所で準備体操として取り入れたり、始める前にみんなで行ったりするのもよいでしょう。

89 お化けになって

用意するもの 特になし

遊びの手順
① 2人組になり、お化け役を決めます。

② お化け役になった子どもは、「お化けだぞ〜」と友だちの身体の前側を上から下へやさしく触れます。

③ 次は後ろ側に行き、頭から下へ同じように触れ、移動します。

④ 友だちと交代します。

お化けだぞ〜

向かい合って前側を上から下まで
ふんわりふんわり

後ろ側を頭から下へふんわり
ふんわり

　　友だちと楽しみながら筋肉をゆるめて身体を整
えるスキンシップ遊びです。なるべくやさしく触
れられるように、まずは保育者がお化け役になっ
て子どもの身体に「ふんわりふんわり」と効果音
をつけて触っていき、やさしく触れるイメージができるようにしま
す。

　1組目が終わったらペアを変えて、3回ほど楽しんだ後で寝転が
り、リラックスして楽しめるようにします。ちょっとした休息や、
子どもが何だかイライラしていると感じる時に取り入れるのもよい
でしょう。

90 床でボルダリング

遊びの手順

1. 順番に並びます。
2. 段ボールの端から端まで、ホールドの位置に合わせて四つん這いで移動します。

指導のポイント

　　ボルダリングの姿勢はずり這いの動きと同じく、全身をバランスよく使うことで身体の柔軟性を高めます。段ボールと新聞紙、布ガムテープなどの廃材を利用して床で楽しんでみましょう。新聞紙を丸めることも手の機能を高めるので、子どもと一緒に作るのもよいでしょう。つける位置などを相談して決めるのも盛り上がります。板に固定できるのであれば、少し傾斜をつけてもいいです。裸足になって遊ぶのがお勧めです。

91 耳たぶグーパー体操

> **用意するもの** 特になし
>
> **遊びの手順** ① 耳たぶの後ろに両手の親指を当てます。
> ② 「むすんでひらいて」の歌に合わせて、手をグーパーさせます。

むすんで

ひら〜い〜て〜

指導のポイント

　身体は重力の抵抗があるため、筋肉が引っ張られて緊張しやすい状態になっています。耳たぶを親指で少し上げることで、重力の抵抗を緩和することができます。また、耳たぶは口周りの筋肉と直結しているため、噛む、鼻呼吸、唾液の分泌、歯並び、舌の動きなどに好影響を与えてくれます。

　5歳児は永久歯に生え変わり始める時期です。ランチタイムに合わせて「いただきます」の前に取り入れるといい遊びです。口の空間が広がり、咀嚼力も向上します。

92 登ロープ

用意するもの ロープ（長縄）

遊びの手順
1. 4人組を作り、順番を決めます。
2. 3人はロープを持ち止まった状態で引っ張られないようにロープを引きます。
3. 登る子どもは、手の力だけでロープにつけた印のところまで進みます。
4. 友だちと交代します。

ロープは床についた状態で手の力だけで登ります。

指導のポイント

　室内で手軽に登ることができる遊びです。最初は、3人の子どものところを保育者が行い、登る経験をしていきましょう。その際、足は使わず、手の力だけで登ることを伝えましょう。登れるようになったら、保育者が行っていた役割を子どもにしてもらいます。

　ものを握って力を出すことは、いろいろな運動遊びで必要です。鉄棒や登り棒などで力が出せるようになります。ロープを固定する子どもにも登る子どもにも効果的です。

93 カエルのお返事 はーいはい！

用意するもの 特になし

遊びの手順
1. 保育者と子どもが向かい合います。
2. 「かえるの合唱」の替え歌に合わせて、手を動かします。

指導の ポイント

　手を上げる時の正しい動かし方は、ずり這いやワニ、カエルなどの動きになります。身体の筋肉に緊張を生まず、母指球をしっかり使った状態が維持できるようになります。返事をする前に深呼吸をしたり身体をやさしく撫でたりすることで、本来の可動域、柔軟な身体に戻り効果的です。

　保育者にとっても、手を上げる動作でこの動きを意識すると、肩こりや四十肩、五十肩の予防になります。身体の不調は、ちょっとした動作の習慣が作り出します。正しく動かす習慣を身につけるためにも、子どもたちと一緒に楽しみましょう。

1、カエルの歌が　　きこえてくるよ
2、○○組さんの歌が　きこえてくるよ

片腕をやさしく撫で
る。

反対の腕をやさしく
撫でる。

ぐわっぐわっぐわっぐわっ
ハイ！ハイ！ハイ！ハイ！

ケロケロケロケロ
ハイハイハイハイ

クワックワックワッ
ハイ！ハイ！ハイ！

手を八の字にして上
下に動かす。

八の字の状態で片手
を上に上げる。

八の字の状態で反対
の手を上に上げる。

94 回って鉄棒

用意するもの 鉄棒

遊びの手順

① 順番に並びます。

② 鉄棒を握り、脚を蹴り上げます。鉄棒に片足をかけ、両足が鉄棒の下を通るように、後ろから前に脚を抜きます。

③ 鉄棒を握り、脚を蹴り上げ、鉄棒に両足をかけます。両足の間で手を交差させ、鉄棒を握ります。脚を鉄棒から外して、手の交差を解くように身体を回して、また脚をかけます。

指導の ポイント

　　　鉄棒を使っていろいろな体勢、動きを楽しみます。鉄棒は丸まった身体の動作が必要です。筋肉が緊張しているとのけ反ってしまい、余分な力が必要になります。「57 キラパタ体操」「58 さわさわキック体操」などを準備体操として行うと、丸まった動作が行いやすいです。蹴り上げる、逆さまになる、回転するなどの動きを楽しみ、逆上がりのウオーミングアップとして取り入れましょう。🖐

95 ねじって輪投げ

用意するもの 新聞紙、セロテープ、水の入ったペットボトル（大）、ビニールテープ（投げるライン）

遊びの手順
1. 2人組になり、イラストのように新聞紙を丸め、ぞうきん絞りと同じように絞って、輪を1人5個作ります。
2. 輪投げの支柱として、水を入れるなどで重たくしたペットボトルを用意し、投げる位置を友だちと相談して決めます。
3. 2人組のどちらがたくさん入るか競います。
4. ペアを変えて、繰り返し輪投げを楽しみます。

指導のポイント

　製作遊びで身体を整え、ゲーム遊びを楽しみます。新聞紙を細く丸めてねじります。ねじり方はぞうきんの縦絞りと同じです。この手の使い方で、顎（エラ）から腕を動かし、輪を投げることができ、的が狙いやすくなります。

　絞り方を図で視覚的に表したり、手を添えてねじる方向を知らせたりして身につけさせます。ちょっとした身体の使い方が、日々の身体を整えて、遊びや生活の質の向上につながります。

96 ニギニギサッカーリレー

用意するもの 　新聞紙で作ったボール2個（1個につき新聞紙1〜2枚、布ガムテープ・ビニールテープで巻く）、コーン

遊びの手順

① 新聞紙を丸めてテープを巻いたボールを2個作っておきます。

② 子どもは2チームに分かれ、「ニギニギ」とボールを両手で握ってから、足元に置いてスタートします。

③ コーンのジグザグに合わせてボールを蹴り、スタート場所に戻ったら、友だちにボールを渡して交代します。

④ ボールを手渡してもらった友だちも「ニギニギ」とボールを握ってからスタートします。

⑤ 早くゴールできたチームが勝ちです。

　最初は直線から始め、蹴ることに慣れてきたら左右の脚が使えるようジグザグコースにし、リレー形式で楽しみます。新聞紙でボールを作ると、ボールの表面に凹凸ができるので、転がりすぎず扱いやすくなります。「60 おむすびニギニギボール」と一緒で、ボールを渡す際に握る動作を入れると、身体に安定感、柔軟性が得られて効果的です。室内で行う場合は、色違いのタオルを使って「おむすびニギニギボール」を作るのもいいでしょう。サッカーボールで楽しむ前に行いましょう。

97 ぞうきん絞って ヨーイドン！

用意するもの　ぞうきん、バケツ（水道水）

遊びの手順
1. ぞうきんを水に濡らし、イラストのような方向で絞ります。
2. 部屋のスペースに合わせた人数で、保育者の「ヨーイドン」のかけ声で、反対の壁までぞうきんがけをします。

指導のポイント

　イラストのような方向でぞうきんを絞ることで、身体が整います。水分が多いと滑りやすくなるので、絞りやすいサイズのぞうきんを用意し、水滴が出ないくらいしっかり絞るよう、声をかけましょう。身体が整ったところで、ぞうきんがけ競争をします。

　日々の当番活動でも、ぞうきんを絞ることを習慣にすることで、生活や遊び、運動などの土台になり、力が発揮しやすくなります。ぞうきんの絞り方を手洗い場に貼っておくなど、普段から意識できるようにしましょう。

98 ひっくり返してポン！

用意するもの 段ボール（円形に切り、表と裏の色を変える）

遊びの手順

1. 子どもは2チームに分かれ、それぞれ向かい合って列に並びます。

2. 保育者はそれぞれのチームの色が同じ数になるように、段ボールをランダムに置いていきます。

3. 「よーいスタート！」のかけ声に合わせて、相手のチームの色から自分のチームの色になるようひっくり返していきます。

4. 「ストップ」や笛の音で元の場所に戻り、それぞれの色の数を数え、多い色のチームが勝ちです。

▲第3章

身体の土台を作る運動遊び100

指導のポイント

　　表と裏の色を変え、自分のチームの色にひっくり返していくため、しゃがむ動作を楽しみながらできる遊びです。広い場所や数を多くすると、運動量が増えます。「58 さわさわキック体操」を準備運動として行うと、安定してしゃがむことができます。脚が軽くスムーズな動きができ、よく動くことで運動量も増します。　　✋

99 縄を跳び越えて

用意するもの 縄跳び

遊びの手順
1. 縄跳びの持ち手を横にし、その場で腕を後ろに8回×4セット回し、準備体操をします。
2. 縄を前に回しながら歩く、走る、その場で跳ぶ、連続して跳ぶを順番に行います。

指導のポイント

　縄跳びは、身体の使い方と道具の操作が重要です。身体の機能が身についていないと、連続して跳ぶことは難しいものです。身体が機能的に動けるよう、始める前に縄跳びを使った準備体操を行うことをお勧めします。

　準備体操では腕をイラストのように横にした状態にし、後ろ方向に回します。その場合、手だけを使って回すのではなく、顎（エラ）から腕を使って動かすと、より身体が筒状になり、跳ぶために必要な母指球をしっかり使え安定感が得られます。また、縄を回す手の母指球の動きも安定し、操作しやすくなります。

①縄跳びの持ち手を横にしてその場で後ろに回します。
②縄を回して走ります。
③縄を前に回してその場で跳びます。
④連続前跳びをします。

100 5歳児総合サーキット

用意するもの	ネット、マット、ボール、かご、フープ、平均台、巧技台、はしご、鉄棒、新聞紙

遊びの手順

① ネットをワニ歩きでくぐります。

② 手押し車でフープまで進みます。

③ フープの輪から輪へ両足でジャンプします。

④ 平均台を渡ります。

⑤ 傾斜のあるはしごを四つん這いで登り、ジャンプします。

⑥ 鉄棒をします。

⑦ 新聞紙をパンチで破ってゴールします。

指導のポイント

　冒険するイメージで、サーキットを構成します。ずり這いや四つん這いなどを入れると、遊びながら身体が整い安定感、柔軟性が得られます。

　最後の新聞紙のパンチは、身体が整うことで、顎から腕を動かすことができ、力を出して破ることができます。子どもたちの運動能力に合わせて、身体が機能的になる動きを取り入れながら、内容を組み合わせてみましょう。

おわりに ● ■ ▲

　子どもたちの成長過程でみえる「できないこと」は、その「現象」が同じ場合でも、その「理由」は一人ひとり異なります。「理由」の一つに、身体の土台づくりが十分にできておらず、子ども自身がもっている本来の力を発揮できていないということがあります。本書で紹介する0歳からできるたくさんの遊びを通して、身体の土台を作り、本来もつ力を発揮できるようにすることで、たくさんの「できた！」という瞬間を、子どもたちとともに創りましょう。

　また、本書で紹介されている遊びが、内容どおりできなければいけない、できないからダメということではありません。子ども本人が楽しく、繰り返しやりたいと思えるよう、かかわり方、遊びの計画や設定を工夫する必要があります。そうすることで、遊びの幅が広がり、さまざまな力の発達が促されると同時に、大人も子どもの「できた！」に気づき、その成長を楽しく見守れるようになります。

　「なぜできないのか」ではなく、「どうすればできるか」という成功の法則を見つけていく視点をもち、子ども一人ひとりに対して、適切な目標をスモールステップで立てることが大切です。

　できることが増えると、「自分には価値があるんだ！」という自己肯定感や「自分はやればできるんだ！」という自己効力感が育まれます。身体の土台づくりは、成長していく過程でさまざまなチャレンジを主体的にできるようになるための心の土台づくりにもなるのです。また、子どもたちの「できた！」は子ども本人だけでなく、周囲の人にたくさんの喜びを与えてくれます。身体と心を整え、その先に素敵な価値を見出してくれる子が増えてくれると嬉しいです。

柏原成年

著者・協力者紹介

著　者　**佐々木 祥子**（ささき・さちこ）

株式会社スキップ代表、保育士、さとう式リンパケア公認インストラクター。

歯科医の佐藤青児先生の考えに共感し、ベビーリンパケアを考案。保護者や専門職に向けたベビーリンパケア講座や、ベビーリンパケア講座が開講できるマスターを養成する講座を行っている。

現在はにじいろスクエア・せとうちに勤務し療育に携わるほか、子育てに悩む親のオンライン相談などの活動も行っている。

株式会社スキップ ホームページ
https://skip-baby.co.jp/

協力者　**柏原 成年**（かしはら・なりとし）

株式会社Tact取締役、理学療法士、さとう式リンパケア公認インストラクター。

児童発達支援・放課後等デイサービス・保育所等訪問支援すりぃぱすを運営。

理学療法士として、「できる」その瞬間の共創を目的に、発達特性・障害のある子どもと保護者の支援を行うほか、さとう式リンパケア公認インストラクターとして身体のケアについての講座・セミナー活動、YouTubeやSNSなどでの情報発信を行っている。

Tact療育チャンネル
https://www.youtube.com/channel/UCOyq1XdF94MPXWzDUvXWTPA

保育で使える　からだの土台を作る運動遊び100

2021年10月20日　発行

著　者　佐々木祥子
協力者　柏原成年
発行者　荘村明彦
発行所　中央法規出版株式会社
　　　　〒110-0016　東京都台東区台東3-29-1　中央法規ビル
　　　　営　　業　　　Tel 03 (3834) 5817　Fax 03 (3837) 8037
　　　　取次・書店担当　Tel 03 (3834) 5815　Fax 03 (3837) 8035
　　　　https://www.chuohoki.co.jp/

装幀・本文デザイン　　株式会社サンポスト
イラスト　　　　　　　min
印刷・製本　　　　　　株式会社アルキャスト

定価はカバーに表示してあります。
ISBN978-4-8058-8382-2